U0090234

民國文化與文學研究文叢

三編

李 怡 主編

第14冊

淪陷時期的上海文學

張 曦 著

國家圖書館出版品預行編目資料

淪陷時期的上海文學／張曦 著 -- 初版 -- 新北市：花木蘭文化出版社，2014〔民 103〕

目 2+138 面；19×26 公分

（民國文化與文學研究文叢 三編；第 14 冊）

ISBN 978-986-322-786-1（精裝）

1. 上海文學 2. 文學評論

541.26208　　103012751

民國文化與文學研究文叢

三　編　第十四冊　ISBN：978-986-322-786-1

淪陷時期的上海文學

作　者　張　曦
主　編　李　怡
企　劃　四川大學現代中國文化與文學研究中心
民國文學與海外漢學研究中心（籌）
北京師範大學民國歷史文化與文學研究中心
總 編 輯　杜潔祥
副總編輯　楊嘉樂
編　輯　許郁翎
出　版　花木蘭文化出版社
社　長　高小娟
聯絡地址　235 新北市中和區中安街七二號十三樓
電話：02-2923-1455／傳真：02-2923-1452
網　址　http://www.huamulan.tw 信箱 hml 810518@gmail.com
印　刷　普羅文化出版廣告事業
初　版　2014 年 9 月
定　價　三編 20 冊（精裝）新台幣 35,000 元

淪陷時期的上海文學

張　曦　著

作者簡介

張曦，女，1971 年冬生於四川，1988 年入西南師範大學中文系，1995 年獲文學碩士學位。在江蘇大學人文學院任教四年，1999 年考入復旦大學中文系，師從吳立昌教授攻讀中國現當代文學專業博士研究生，2002 年獲博士學位，在上海《學術月刊》雜誌社任文學室編輯。在《中國現代文學研究叢刊》《小說評論》《文學報》《文藝報》等報刊發表論文和評論 20 餘萬字，同時在《上海文學》《北京文學》《佛山文藝》等雜誌發表小說數篇。現居上海編輯並寫作。

提　　要

現代文學有三種傳統，而淪陷期上海文學的格局是商品——市場傳統占主導地位並吸收、消化啓蒙——救亡意識和審美獨創的個人化傳統。其中，舊派編輯以其對讀書市場的重視成爲文化市場的中堅，他們提升了原有通俗文學的品質，並以相容的胸懷構建了此期作家一展身手的舞臺。此期最活躍的則是「新市民作家」，它是將「五四」個人化傳統和文化市場結合得最好的一類：予且、蘇青等以男歡女愛、日常生活家庭爲題材，開創了一個欲望敘事的空間，成爲此期文學的「熱點」；丁諦、周楞伽、譚正璧等表現了對個人精神生活、社會責任等方面的探索興趣；譚惟翰及「東吳系」等作家則以生命情感的自由表現，符合文化市場的雅化期待。而眞正將新市民文學提升了一個層次的是張愛玲，她以一種審視的眼光和天才的創造力，賦予市民人生以道德價値層面的多重否定，並以穩定的形式感創造了一個獨特完整的審美空間，標誌了淪陷上海文學的最高點。另一方面，新文學作家如《萬象》作家群、左翼作家對有日僞背景的雜誌的滲透和蓬勃興起的戲劇熱，都表現了作家通過對文化市場的滲透和改變、來曲折傳達自己的啓蒙救亡之思與個體化思考的傾向……由此可見淪陷上海文學在相對淡化的政治形態下所體現出來的社會活力和人民的個體意志，顯示了一種不同於新文學主流的現代文學發展樣態。這一樣態在今天仍具有啓示意義和作用。

「民國熱」與民國文學研究
——第三輯引言

李　怡

經過多學界多年的倡導和努力,「民國文學」的概念在越來越大的範圍內獲得了人們的理解和接受，從民國歷史文化的角度闡述文學現象也正在成爲重新定位「現代文學」的重要思路，從某種意義上看，這可以說是近年來中國文學研究的一大動向。當然，面對我們業已熟悉的一套概念、思路和批評方式,「民國文學」的價值、意義和研究方式也依然需要更多的學者共同參與，並貢獻自己的創造性思想，在更獨特更具規模的「民國文學史」問世之前，種種的疑問是不可避免的。其中之一，就是困惑於社會上越來越強烈的「民國熱」: 在不無喧鬧、魚龍混雜的「民國消費」的浪潮中，所謂的「民國文學研究」又意味著什麼？它根源於何方？試圖通往何處？如何才能將流俗的迷亂與學術的理性劃分開來？

在這個意義上，釐清當前中國社會的「民國熱」與學術研究的「民國文學」思潮之相互關係，也就成了一件極有必要的事情。

作爲當代大衆文化的民國熱

民國熱，這個概念的所指本身並不明確: 一種思想潮流？一種社會時尚？一種消費傾向？我們只能先這樣描述，就目前一般報章雜誌的議論而言，主要還是指由媒體與出版界渲染之後，又部分轉入社會時尚追求與大眾想像的「趣味的熱潮」。

在一個相當長的時期內,「民國」這一概念通常被另外一個色彩鮮明的詞語代替：舊中國，它指涉的就是那一段早已經葬身歷史墳墓的「軍閥當道，萬馬齊喑，民不聊生」的時代，因早已結束而記憶發黃，因過於黑暗而不願詳述。而所謂的「民國熱」就是對這些固化概念的反動，重新生發出瞭解、談論這段歷史的欲望，並且還不是一般的興趣，簡直引發了全社會範圍內的廣泛而強烈的熱潮。據說，當代中國的「民國熱」要追溯到 2005 年。餘世存的《非常道》、美籍華人學者唐德剛的《袁氏當國》、張鳴的《歷史的壞脾氣》相繼出版，一反過去人們對「民國」的刻板印象，種種新鮮的歷史細節和「同情之理解」，喚起了中國人對原本早已塵封的這段「舊中國」歷史的新的興味。接下來的幾年中，陶菊隱、傅國湧、何兆武，楊天石、智效民、邵建、李輝、孫郁等「民國見證人」與「民國史學者」不斷推出各種鮮活的「民國話題」，使得我們在不斷「驚豔」的發現中似乎觸摸到了「眞實」的歷史脈搏，而且，這些關於民國往事、民國人物的敘述又不時刺激到了我們當今生活的某些負面，今昔對比，但不再是過去那種模式化的「憶苦思甜」，在不少的時候，效果可能恰恰相反，民國的細節令人欣羨，反襯出今天的某種不足，這裡顯然不無記憶者的美化性刪選，也難免闡釋者的想像與完善，但對於廣大的社會讀者而言，嚴謹考辨並不是他們的任務，只要這些講述能夠塡補我們的某種欠缺，滿足他們的某些精神需要，一切就已經夠了。「民國熱」在「辛亥百年」的紀念中達到高峰，如今，在大陸中國的稍具規模的書店裏，我們都能夠看到成套、成架、成壁的民國專題圖書，圖書之外的則是更多的報刊文章、電視節目，甚至服飾的民國懷舊潮流，大陸中國的民國熱還在一定程度上波及到了海峽對岸，在臺灣的圖書與電視中，也不時晃動著「民國記憶」的身影，只是，對於一個自稱「民國進行時」所在，也會同我們一起講述「過去的民國」，多少令人覺得詫異，它本身似乎也生動地提醒我們：民國熱，主要還眞是一種大眾趣味的流變，而非知識精英的文化主題，儘管我們的知識界在其中推波助瀾。〔註 1〕

作爲當代大眾文化體現的「民國熱」是由知識分子津津樂道的「民國掌故」喚起興味的，正是借助於這些「恍如隔世」的故事，人們逐漸看到了一個與我們熟悉的生活格局迥然有別的時代和社會，以及生活於其中的個性色彩鮮明的歷史人物，出於某種可以理解的現實補償心理，人們不免在這一歷史意象中寄予了大量的想像，又逐漸將重塑的歷史意象召喚進現實，成爲某

〔註 1〕 參看周爲筠：《「民國熱」之下的微言大義》，載《南方都市報》，2008 年 1 月 20 日。

種時尚趣味的符號，如在一些婚紗藝術照與大學畢業紀念照中流行「民國服飾」。應當說，作爲這一社會趣味的推動力量，一些知識分子的「關於民國」的寫作發揮了明顯的作用，但是，作爲流行的社會趣味本身的「民國熱」卻還不能是一種自覺的時代思潮，而只是知識分子的個人的某種精神訴求與社會情緒的並不嚴密的合流，一方面，知識界對這些「民國文化」的提取和發掘尚未進入系統的有序的理性層面，本身就帶有明顯的趣味化和情緒性色彩，包括目前流行甚廣的所謂「民國范兒」，這個本來是一個值得深入探討的精神現象，但是到目前爲止，依然主要流於種種極不嚴格的感性描述與文學比喻，而且據說提出者本人也還試圖放棄其概念發明權。〔註 2〕

大眾文化，不管我們今天對它的評價究竟如何，都應該看到，這是一種與通常所說的由知識分子自覺建構的並努力納入到精英文化傳統的追求所不一樣的「文化」，它更多地與人們的日常生活方式及生活趣味緊密聯繫，是指普通大眾基於日常生活的需要而生成的種種精神性追求和傾向，它與精英知識分子出於國家民族意識、歷史使命或文化獨創性目標而刻意生產的成果有所不同。當然，作爲個體的知識分子既致力於精英文化的建構，又同時置身於大眾生活的氛圍之中，所以嚴格地講，他同樣也擁有大眾文化的趣味和邏輯，受到日常生活文化的影響，也自覺不自覺地影響著以日常生活爲基礎的大眾文化。

從精英知識分子的邏輯出發，我們不難發現大眾文化的若干消極面，諸如與媒體炒作對眞正的個性的誤導甚至覆蓋，工業化生產的趣味同質化，五彩繽紛背後隱含的商業利益，對世俗時尚缺乏眞正的批判和反思，甚至對國家意識形態的某種粉飾和媾和等等，當年的法蘭克福學派就因此對資本主義的大眾文化大加鞭撻。的確，源於日常生活需要的物質性、享受性與變異性等特點使得大眾文化往往呈現出許多自我矛盾的形態，這裡就有法蘭克福學派所痛心疾首的「商品性」、「同質化」、「工業生產式的批量化」、「傀儡化」、解構主體意識等消極面，如霍克海默和阿多洛在《啓蒙辯證法》中指出的那樣：「文化工業的產品到處都被使用，甚至在娛樂消遣的狀況下，也會被靈活地消費。」〔註 3〕「文化工業反映了商品拜物教的強化、交換價值的統治和國

〔註 2〕舒非：《「民國熱」》，見 2012 年 8 月 10 日「大公網」，http://www.takungpao.com/fk/content/2012-08/10/content_913084.htm。

〔註 3〕霍克海默、阿多諾：《啓蒙辯證法》，洪佩郁、藺月峰譯，重慶：重慶出版社，1990 年版，第 118 頁。

家壟斷資本主義的優勢。它塑造了大眾的鑒賞力和偏好，由此通過反覆灌輸對於各種虛假需求的欲望而塑造了他們的幻覺。因此，它所起的作用是：排斥現實需求或眞實需求，排斥可選擇的和激進的概念或理論，排斥政治上對立的思維方式和行動方式。」〔註 4〕

所以，我們今天也不難發現大眾「民國熱」中的一些爲消費主義牽引的例證。例如今天的「民國熱」也開始透露出不少獵奇和窺隱的俗套，諸如《民國公子》、《民國黑社會》、《民國八大胡同》一類黑幕消費、狹邪消費同樣開始流行一時，走上被法蘭克福學派抨擊的文化解構、文化異化的萎靡之路。

作爲學術史演進的「民國文學研究」

上述大眾之熱，在最近一些年給人留下了深刻的印象（有人稱之爲「愈演愈烈」），所以當「民國文學研究」的呼聲出現，便自然引起了不少的聯想：這是不是「民國熱」的組成部分呢？又會不會落入獵奇窺隱的窠臼呢？

在我看來，「民國熱」與「民國文學研究」的出現，其最大的相關性可能就在時間上。拋開臺灣學界基於意識形態原因而書寫「中華民國文藝史」不算，中國大陸最早的「民國文學」設想出現在 1990 年代末（陳福康），最早的理論倡導出現在 2000 年代早期（張福貴），但形成有聲有勢的多方位研究則還是在 2000 年代後期（張中良、丁帆、湯溢澤、李怡及「西川論壇」研究群體），這一逐漸成熟的時間剛好與所謂的「民國熱」相重疊，所以難免會給令人從中尋覓關聯。不過，値得我們注意的是，在前述大眾趣味的民國熱之外，其實還有另外一條線索被我們忽略了，這就是學術界對中國近現代歷史的考察和追問方式。

20 世紀初，劍橋史書已經成爲英語世界的多卷本叢書典範，《劍橋中國史》從 1966 年開始規劃，迄今已經完成 16 卷，它對歷史的劃分很自然地採用了朝代與政治形態的變化加以命名，至我們所謂的現代與當代分別編寫了《中華民國史》與《中華人民共和國史》各兩大卷，在這裡，「民國」歷史的梳理和描述已經成爲國際學界的正常工作，絲毫不涉及流行趣味的興起問題。

在大陸中國，雖然因爲政治原因，「民國」一詞一度包含了某種政治禁

〔註 4〕斯道雷：《文化理論與通俗文化理論導讀》，楊竹山譯，南京：南京大學出版社，2001 年版，第 71 頁。

忌，需要謹慎使用，但總體來看，除了「文化大革命」這樣的極端的文化專制時期之外，對「民國史」的關注和研究一直獲得了國家層面的包容甚至支持。《中華民國史》的編修工作可以追溯到半個世紀以前，早於《劍橋中國史》的編寫計劃。1956 年，在「向科學進軍」及「百花齊放、百家爭鳴」的熱潮中，國家科學發展十二年規劃中就已經列入了「民國史」的研究計劃。1961 年是辛亥革命 50 週年紀念，作爲辛亥革命親歷者的董必武、吳玉章等人又提議開展民國史研究。1971 年全國出版工作會議期間，周恩來總理親自指示，將編纂民國史列入國家出版規劃，具體交由中國科學院哲學社會科學學部（今中國社會科學院）近代史研究所負責組織實施，由著名史學家李新先生負責統籌。由於「文革」的環境所限，編寫工作眞正開始於 1977 年，但作爲項目卻始終存在。作爲民國史研究系列之一，《民國人物傳》第一卷於 1978 年出版，1981 年，《中華民國史》第一卷上下兩冊亦由中華書局正式出版，至 2011 辛亥革命一百週年前夕，全套《中華民國史》共 36 卷全部出齊，被稱爲是中國出版界在近年來的一件大事。有趣的是，《中華民國史》第一卷在當年問世之後，遭到了臺灣學界的激烈批評，被認爲是政治色彩濃厚、評價偏頗的「官史」，當時大陸方面特意回應，辯解說我們的民國史研究不是政治行爲，是完全的學術行爲。雖然這辯解未必完全道出了我們學術制度的現實，但是從那時起，「民國史」的研究至少在形式上已經成爲學術而不是政治的一部分，卻是值得肯定的事實。到今天，史學界內部的民國史研究已經成爲中國學術重要的方向，中華民國史研究被確立爲中國社會科學院重點學科也已經十多年了；致力於「民國史」研究的自然也不只中國社會科學院一家，如南京大學、復旦大學、北京師範大學、中國人民大學等諸多學術機構都在這方面投入甚多，且頗有成就，就是一部《中華民國史》今天也不僅有中國社會科學院牽頭版，也另有南京大學版（南京大學出版社，2005 年，張憲文主編）、中國現代史學會版（四川人民出版社，2006 年）等，2000 年 9 月，南京大學中華民國史研究中心被批准爲教育部普通高等學校人文社會科學重點研究基地，多年來，他們通過編輯出版《民國研究》、承擔國家重點科研項目、連續舉辦中華民國史國際學術研討會、不斷推出大型研究叢書等方式穩健地推動著民國史的研究。

這一「民國史」的學術努力試圖突破當代「以論代史」之弊、還原歷史眞實，承襲的是實事求是的中國學術傳統，與當下社會文化的時尚毫無關係。

民國文學研究的出現和發展同樣是歷史學界實事求是追求的一種有力回應。

同整個歷史學界一樣，中國文學史研究也一度成爲「以論代史」的重災區，甚至作爲學科核心概念的「現代」一詞也首先來自於政治思想領域，與中國文學發生發展的事實本身沒有關係，以致到了 1980 年代，我們的文學博士還滿懷疑惑地向學科泰斗請教「何謂現代」。1990 年代的「現代性」知識話語讓中國文學研究在概念上「與國際接軌」了，但同樣沒有解決「以中國術語表述中國問題」的困惑，凡此種種，好像都在一再證實「論」的重要性，於是，「以論帶史」的痕迹依舊存在。

如何回到中國歷史自己的現實，如何在充分把握這些歷史細節的基礎上梳理和說明我們文學的發展，我們需要走的路還很長很長。

「民國文學」概念的重新提出，其實就是創造了一種可能：我們能不能通過回到自己的國家歷史情態之中，就以這些歷史情態爲基礎、爲名詞來梳理文學現象——不是什麼爭議不休的「現代」，也不是過於感性的「新文學」，就是發生在「民國」這一特定歷史語境中的精神現象和藝術追求，一切與我們自己相關，一切與生存於「民國」社會的我們相關。

就是這樣，本著實事求是的治史傳統，我們可以盡可能樸素地返回歷史的現場，勘探和發掘豐富而複雜的文學現象。實事求是，這本來是當年「民國史」負責人李新先生的願望，他試圖倡導人們從最基礎的原始材料做起，清理和發現「民國」到底有哪些值得注意的史實，這樣的願望雖然在「文革」的當時並不能實現，但卻昭示了一代民國史學人的寶貴的學術理想。今天，文學史研究也正在經歷一場重要的轉型，這就是從空洞的理論焦慮中自我解放，重新返回歷史，在學術的「歷史化」進程中鳳凰涅槃，迎來自己新的生命。

只有在這樣的學術脈絡中，我們才有可能洞悉「民國文學」研究的眞諦，也才可能將眞正學術的自覺與大眾文化的潮流區分開來，爲將來的文學史研究開闢嶄新的道路。

社會的時尚是短暫的，而文學史研究的發展卻有它深遠的思想淵源。

大眾的文化是躁動的，而我們需要的學術卻是冷靜的、理性的。

當下的潮流總是變動不居的，除了「民國」之熱，照樣還有「啓蒙」的熱，「黨史」的熱，「國學」的熱……不是每一樁的「時髦」都可以牽動學術思想的重大演變，儘管它們可以在某種程度上相遇，也可以發生某種的對話。

一切都是如此的不同，一切本來也就是根本不同。

熱中之冷與冷中之熱

我如此強調文學史學術的冷靜與理性，與鼓譟一時的社會潮流區別開來，這當然並不意味著我們的工作是封閉於社會，不食人間煙火的學院活動，當代學術向著「歷史化」的方向轉型，這並不意味著學術從此與主體感受無關，與社會關懷無關，從根本上看，這是一種對於研究主體與歷史客體雙向關係的全新的調適，我們必須最充分地尊重未經干擾的事實本身，同時也要善於從歷史事實的豐富中把握我們感受的眞實性，在過去的歷史敘述中，我們對此經驗欠缺，希望「民國文學史」研究能夠讓我們重新開始。

這也就是說，雖然我在根本上強調了學術邏輯與時尚邏輯的不同，但是，我也無意拒絕從社會的普遍感受中獲得關於「歷史價值」的追問和思考，包括對大眾文化內在意義的尊重和關注。法蘭克福學派曾經激烈地抨擊了大眾文化的諸多弊端，不過，這不能掩蓋另外一些學者如英國的文化研究（如費斯克的學說）從相反的角度所展開的正面的發掘與肯定，這指的是對大眾文化追求中積極的建構性意義的褒揚。如費斯克所欣賞的反抗性、自由選擇性，正所謂「身體的快感所進行的抵抗是一種拒絕式的抵抗，是對社會控制的拒絕。它的政治效果在於維持著一種社會認同。它也是能量和強有力的場所：即這種拒絕提供強烈的快感，並因而提供一種全面的逃避，這種逃避使身體快感的出現令上層覺得驚慌，卻使下層人民感到了解放。」〔註5〕中國的大眾文化是在結束文革專制、社會改革開放的過程中發展壯大的，這樣的過程本身就與法蘭克福學派所警惕的成熟的資本主義文化不盡相同，它在問題重重的同時依然帶有抵抗現實秩序的某些功能，因此值得我們認眞對待。即以我們目前看到的「民國熱」爲例，一方面其中肯定充斥了消費主義的萎靡之態與嘩眾取寵的不負責任，但是，在另外一方面，我們卻也應該承認，帶動了「民國熱」的許多講述者本身也是民國史的研究者和關注人，他們兼具知識

〔註5〕費斯克：《理解大眾文化》，王曉玨、宋偉強譯，北京：中央編譯出版社，2001年版，第64頁。

基礎與人文關懷，即使是對「民國」的浪漫化的想像也部分地指向了某種對理想信念的緬懷——教育理念、文化氛圍、人格風骨等等——顯然不都是歷史的事實，但是提出問題本身卻無不鑒古知今，繼續變革中國、造福民族的意味，這卻不是無的放矢的。這樣的大眾文化包含了某些值得深思的精神訴求，在信仰沉淪、物質至上、唯利是圖的時代，尤其不可爲「治民國史」者所蔑視，在某些時候，其本質上胸懷民族未來的激情恰恰應該成爲學術的內在動力。

當然，社會情懷的擁有並不就是學術本身。學術自有自己的理念和法則，作爲學者，我們思考的不是改變這些法則去遷就大眾的情趣，相反，是更好地尊重和完善法則，讓法則成爲社會情懷的合理的延伸和提煉。民國文學的研究首先是學術，不是轉瞬即逝的社會潮流，與那些似是而非的「民國熱」比較，我們起碼還應該在下面幾個方面意識清晰：

第一，作爲學者而不是媒體人，思想是學者的第一生命，而思想的提煉必須來自於對現實生活的有距離的觀察和判斷。我們要特別強調一種理性的認知，以代替某些煽情式文字書寫。之所以這樣強調，乃是在「學術通俗化、市場化」的今天，學術著作有時混同於媒介時代大量的「抒情讀物」中，如果單純依從大眾閱讀的快感，難免會模糊掉學者的本位，使思想讓位於抒情。

其次，作爲歷史敘述的工作者，我們應該盡力還原歷史的複雜性，以區別於對歷史的想像。作爲大眾文化的精神需求，其實不可能「較眞」，有時候似是而非的故事更能夠調動人們的情緒，但是對於歷史工作者就不同了，它必須對每一個細節展開盡可能的考察、追問，即使充滿矛盾之處，也必須接受仔細的勘探和分析，當然，這樣的刨根問底可能會打破不少的幻夢，瓦解曾經的想像，就是「歷史見證人」的「口述實錄」也必須接受專業的質疑，未經質疑和考證的材料不能成爲我們完全信賴的根據，這樣的「工作」常常枯燥而繁瑣，並不如一般大眾想像的那麼自由和愜意，但是學術的眞相必須在直面這樣的事實之中，只有洞察了所有這一切的矛盾困惑，我們方能獲得更高的事實的頓悟，也只有不間斷的疑問，才能推動我們對「問題」的不斷髮現。正如有學人指出的那樣：「民國自有許多值得我們繼承、借鑒的遺產，如自由之精神，如兼容並包的大學氣度等等，但我們不應不加辨析，只選取光鮮處，一味稱歎；更無意於要在民國諸賢中分個高低上下，使孔子大戰耶穌，魯迅 PK 胡適，只是覺得我們在關注歷史人物時，首先要研究其思想、事功，而非僅僅作為飯後談資的八卦、段子。」〔註6〕

第三，民國文學的研究最終是為了解釋說明文學本身的問題而不是其他。這裡的「其他」常常就是大眾豐富的需求，或者為了各自的政治道德目標，或者為了心理的釋放，或者就是獵奇與八卦，一切事物都可以成為談資，一切談論的方式都無不可，超越「專業」的任性而談往往更具某種「自由」的魅力。但是，一旦真正進入專業研究，這都是學術的大敵。民國文學研究最終是為了深刻地解釋和說明民國時期的文學何以如此，所有「文學之外」的信息都必須納入到對「文學之內」的認定才有其必要的價值，而且這些信息的真正性也須得我們反覆校勘、多方考辨。在「文學解釋」的方向上，關於「民國」的種種逸聞趣事本身未必都有價值，未必都值得我們津津樂道，只有能夠幫助我們重新進入文學文本的「故事」才具有學術史料的意義。

最後，也是我們必須格外重視的一點，那就是學術研究所包含的社會情懷主要是通過對社會文化環境的緩慢的影響來實現的，它並不等於就是目標單純的政治抨擊，也不同於居高臨下的道德訓誡。就民國文學研究而言，如何我們能夠在學術研究中發掘某些民國文學的發展規律，揭示某些民國作家的精神選擇，闡述某些文學文本的藝術奧妙，本身就對當前的文學生態發生默默的轉移，又經過文學的啟迪通達我們更大的當代精神，誠如斯，學術的價值也就實現了。學術研究有必要與傳統所謂的「現實隱射」嚴格區別開來，雖然我們能夠理解傳統中國的專制主義壓抑下「隱射」思維出現的理由，但是在總體上看，精神活動對社會現實的影響應當是正大光明的，而「隱射」思維卻是偏狹的和陰暗的，文學研究是排除「預設」的對歷史現象的豐富呈現，「影射」卻將思想牽引到一個特定的主觀偏執的方向之上，不僅不能真正抵達真相，而且還可能形成對歷史事實的扭曲和遮蔽，學術擁有更為開闊的目標和境界，而「影射」則常常被個人的私欲所利用。和一切嚴肅的學術研究一樣，民國文學研究是在健康和積極的方向上為中國的當代文化貢獻自己的智慧和力量。

恰恰是「民國熱」之中，我們需要一種「冷」的研究，當然，這「冷」並非冷漠，而是學術的冷靜和理性的清涼。

〔註6〕王晴飛：《冷眼「民國熱」》，《文學報》，2012年7月5日。

目次

導論：淪陷時期上海文學和現代文學傳統

第一次接觸淪陷區的上海文學，難免會驚歎它竟在充滿戰火硝煙愛國激情的「抗日文學作品」外，另闢一個人化的安穩空間；亦會驚歎它竟在「五四」以來精英化、西洋化文學的傾向之外，最大限度地保留了中國世俗生活的活色生香以及傳統白話文學的圓熟風情；更會爲其自覺的商品觀念和對「利潤」、商業價値毫不諱言的追求而不知所措。這樣一種文學，對我們來說實在是太陌生了，以至於我們很難找到合適的理論對其作概括和評價。然而這絕不意味著這個時期的文學是沒有意義的和可以忽略的，恰恰相反，作爲某種「異數」，它的存在使我們的「定論」受到一定程度的質疑，並使我們有可能去反省這樣一個問題：我們所謂的現代文學，是否像一棵被砍伐過分的樹，所有旁逸斜出的枝幹都被砍去，只按照人爲的意願保留了一根「主幹」；而當我們感歎現代文學的狹隘單調時，是否可能想到：這種狹隘和單調正是這種過分刪削的結果？

由於各種因素的干擾，淪陷區文學一直是現代文學研究中較爲薄弱的一環。李仲明論文《抗戰時期淪陷區文學研究述略》指出，「淪陷區文學研究成果最多的是東北三省。」談及上海地區時，僅提到蘆焚、張愛玲和鄭定文三位作家，顯得非常蒼白〔註1〕。近年來張愛玲蘇青等雖曾一度掀起研究熱潮，但多爲細緻的文本分析，或將其納入「海派」這一傳統，但研究者很少將其置入「淪陷」這一特殊環境中，或將「淪陷」輕輕放過。比較全面地論述上

〔註1〕載《人大複印資料・中國現代、當代文學研究》1999年第2期。

海淪陷文學的有陳青生著作《抗戰時期的上海文學》，它以細緻的梳理和翔實的資料，擴大了淪陷上海文學研究的視野、充實了它的內容，但是「愛國」「賣國」之辨、明確的新文學主流意識，仍然是其基本的思想出發點和歸依。在思想上有相當突破的應推錢理群的論文《「言」與「不言」之間——論兩難中的「淪陷區」文學》〔註2〕，充分意識並肯定此種文學的「凡俗化」、「個人化」作爲一種「新的文學追求」的意義。在他主持下出版的九卷本《淪陷區文學大系》，亦塡補了此期研究的原始資料空缺。但錢氏英雄主義、浪漫主義的氣質，使他未能充分意識到此期文學在倫理上的曖昧和矛盾，因此從某種意義上我倒部分認可陳遼所指出的：除了眞正處於「言」與「不言」的兩難中的作家，還有一些是「根本不曾『不言』，而是『言』而無忌、『言』而樂甚，『言』而自由」〔註3〕，但我恰恰與陳遼將其斥爲「粉飾太平」、「在實際上有利於敵僞統治」的結論相反，而認爲正是這「放言」的一群，揭示了現代文學一種潛伏的傳統；正是其道德倫理上的相對性和模糊性，昭示了一種審美上的新的可能。

淪陷上海文學的種種「異狀」，使我們不得不追溯到「五四」以往，去探討「現代文學」更爲源遠流長的源頭。事實上，晚清、民初，一代代中國人睜眼看世界，開國門、走向世界，由「老大帝國」的傲然自閉，到一步步承認西洋「蠻夷」的先進優異和自我的貧弱落後，各路人馬，可說都驚覺變局已至，不能再安於祖宗舊制，而必須求新求變。「在晚清六十年內，中國文學的創作、出版及閱讀蓬勃發展，眞是前所未見。而小說一躍而爲文類的大宗，更見證傳統文學體制的劇變。但最引人注目的是作者推陳出新、千奇百怪的實驗衝動，較諸五四，毫不遜色。」〔註4〕也許我們應該將晚清民初的文學嬗變與「五四」以來的新文學並置，理出一條近似的線索，從而更有可能爲「淪陷時期的上海文學」找到一個較爲合適的支點？

一、現代文學的三種傳統

近年來已有越來越多的學者意識到晚清、民初文學的現代性：「現代一

〔註2〕載《中國現代文學研究叢刊》1996年第1期。

〔註3〕陳遼《關於淪陷區文學評價中的幾個問題》，載《人大複印資料・文藝理論》2000年第4期。

〔註4〕王德威《被壓抑的現代性》，見《想像中國的方法》，北京三聯書店，1998年，第3頁。

義，眾說紛紜。如果我們追根究底，以現代為一種自覺的求新求變意識，一種貴今薄古的創造策略，則晚清小說家的種種試驗，已經可以當之。」〔註5〕。陳平原更指出：「中國現代小說作為一種嶄新的小說形態，建立於『五四』時期。但這種變化的源頭，可上述至戊戌變法前後。『小說界革命』口號下創建的『新小說』，無論是內容或形式，都已經開始接受西方小說的影響，產生許多新的因素。小說總體在量變中發生著局部的質變。到『五四』文學革命以後，小說進一步從審美意識、道德情操、價值觀念等深層方面發生巨大的變化，實現了向現代化的飛躍」〔註6〕。如果將晚清民初以來的文學作為中國文學現代化的源頭，那麼，這種源頭建立了現代文學的怎樣一種傳統，並且在日後發生了怎樣的變化和整合？同時，「五四」以其石破天驚之姿，又為現代文學提供了什麼樣的新的質素？

這些問題無疑都很「大」，應該說每個問題便夠做一本洋洋灑灑的書來進行論證。不過，精雕細琢固然重要，但有時候把問題推遠一點，看個大致輪廓的功夫，卻也是不無收益的——因為討論這一切的目的乃在於為「淪陷時期的上海文學」提供一個背景，這也就是張愛玲所說的「洋人看京戲」的法子。

「文以載道」是古已有之的正統文學的觀念。而清末民初的文學、文壇變化，對於「載道」觀念的最大改變有兩點：一是改變所載之道，文學作品（尤其是小說）以對西方「獨立、權力、民主、自由、科學、理性」諸多啓蒙話題的輸入，改變原有的「忠孝節義」之道，思想方法雖仍有相似之處，但由於前者對於中國人思想觀念的巨大衝擊，它的陌生與新鮮，使之成為一種審美對象，而不像在傳統章回體小說裏，「忠孝節義」不過是情節故事之外陳腐不堪的贅餘之物，也因此會有大量充斥議論淡化情節的「政治小說」以及忙於闡釋科學名詞而忽略故事的「科學小說」出現，並成為一時風尚。這種具有強烈功利性質的文學作品，可以說開拓了現代文學的一大傳統：啓蒙的傳統。事實上，「小說界革命的中心主旨就是啓蒙——『改良群治』」〔註7〕，這也是梁啓超的名言「故近日欲改良群治，必自小說界革命始；欲新民，必自新小說始。」〔註8〕所證實的。從某種意義上說，現代中國文學「思想性大

〔註5〕王德威《被壓抑的現代性》，見《想像中國的方法》，第7頁。
〔註6〕陳平原《二十世紀中國小說史・前言》，北京大學出版社，1989年。
〔註7〕陳平原《二十世紀中國小說史・一》，第5頁。
〔註8〕梁啓超《論小說與群治之關係》，載《新小說》第1號，1902年。

於文學性」的問題，並非始自「五四」，在晚清民初一代作家手裏早有先例。而這種啓蒙，又是和「救亡」的目的緊密聯繫的。所以「啓蒙」和「救亡」其實是一種傳統：國家民族矛盾較爲平緩時是啓蒙的呼聲壓過救亡，一旦矛盾激化，救亡則大過啓蒙，所以我們不妨稱之爲「啓蒙－救亡」傳統。這類作品因爲重在灌輸新學、啓發民智，對作品的趣味性可讀性都很忽視，它所賴以存在的最大動因是社會時代的政治熱情，一旦熱情退潮，這類文學作品恐很難引人問津。

因此更根本的改變「文以載道」的文學觀的，毋寧說是文學作品的媒體化、商品化傾向。這尤其體現在小說方面。事實上，明清兩代，作爲物化形態的小說當然也進入商品流通領域，但作家並未直接介入，商品意識在絕大部分作家的創作中基本上不起作用。大批作家用領取稿酬的辦法直接介入小說生產這一商業性活動，應始於晚清。此期兩個方面條件的成立，使媒體意識、商品意識迅速介入小說家的創作過程，並直接影響了這一時期小說思潮的演變。這兩個條件，一是清末民初讀書市場的拓展：公共空間，版權意識，稿酬，著譯小說可以賣錢等事實，而這又爲第二個條件——作家的職業化提供了關鍵條件。文人擁有了一種嶄新的謀生手段：賣文爲生。由於新小說市場的建立以及作家的專業化，使得新小說的發展不單受制於整個社會的政治思潮以及作家的文學趣味，還受制於那個確確實實存在並且不以作家主觀願望爲轉移的「讀書市場」。也就是說，作家須以讀者爲「衣食父母」，不再以朝廷的意旨，也不再以當道提倡的意識形態爲指導思想，而是以讀者大眾的閱讀口味爲「上帝」（當然這裡也帶來反向作用，作品往往可以影響讀者甚至塑造讀者）。這種創作傾向，要求作家致力於閱讀快感的層出不窮的發掘和製造，以適應並且塑造了讀者的口味和興趣，在語言、敘事、題材、風格諸方面迅速做出相應的調整，從而有力地擺脫了替聖王立言爲先賢傳道的陳舊模式，並促成此期小說的商品化傾向。我將這一傳統稱爲現代文學的「商品－市場」傳統。

應該說，「五四」以來新文學最重要的地方，乃在於它除以上二者外，爲現代文學增添了一種全新的質素。也就是說，不論是「啓蒙－救亡」、「商品－市場」有著多大的不同，總的來說，它們都更強調一種「群」、「類」的東西而不是個人的，不論是借文學作品爲政治、爲革命、爲維新服務，還是借文學作品來換取生活報酬、在市民中獲得影響力，文學的概念在很大程度上仍然是普遍性的而非個人的。只有到了「五四」以後，文學作品因爲一種全新的質素的加入，才開始確立其獨立的、個體性的意義和價值。

這種新的質素，其一是獨立思想、自由精神。事實上五四新文化運動之所以不在商業化更強、革命色彩更濃厚的上海發生而在北平，這跟北大、清華所提供的知識分子的一種獨立、自由的研究環境有密切關係，正是對於「啓蒙－救亡」和「商品－市場」的雙重超越，在「兼容並包、百家爭鳴」的自由環境裏，知識分子以其獨立思考、自由爭鳴，擺脫了「傳道者」的類群身份，而獲得一種嶄新的姿態。並在整體上提升了現代文化的品質。

其二是個性解放。對傳統倫理道德教條壓迫人性、扼殺個人創造力的深刻認識是「五四」最寶貴的精神財富，它不再像晚清、民初，既肯定個人對愛情、幸福的追求，又承認整套封建倫理綱常的合法地位。「五四」以其不容置疑的批判精神，判定封建倫理綱常的「吃人」性質，將筆觸深入到中國歷史文化深處的痼疾和中國人人性的創傷黑暗，並以「自我」的確立、個性的張揚，使文學成爲眞正爲「人」的文學。

這二點又是緊密聯繫的：獨立思想自由精神必然喚醒個性自我的確立，個性的眞正解放離不開獨立自由。這一素質融入文學中，那就是當個人以傳統文化、傳統倫理道德浸淫者身份來認識並反抗傳統、以對自身母體的痛苦掙脫來獲得自身的確立，從而自覺地以其個體的生命情感、將這種種尷尬焦慮的無根狀態加以表現時，便構成了一種嶄新的現代文學形態。五四新文學尊重個人對世界獨特的藝術性把握，重視不同文體的表現手段，流派紛呈、社團湧現，擺脫外在功利性質的白話文學，進入一個以個體性的自覺審美衝動推動的創作階段。當我們檢視這一時期的作品當發現，那些具有持久的藝術魅力的，都是一批浸透了個人對世界的理解、自覺地追求獨特的形式感並成爲一種文體的開創者的作品。魯迅對現代文學的諸多開創性貢獻，已不必多言，他的每一部小說、每一篇散文，都極大的擴大了現代文學的表現形態，而散文詩、雜文、複調式小說，更是因其天才性努力成爲一種新的文體；其餘作家如郁達夫小說的感傷抒情式的自敘傳性質、郭沫若詩歌海洋一般闊大而單調的意境、周作人散文對白話之美的孜孜以求……無不在主題、語言、表達、意境諸方面爲中國文學擺脫古典文學的桎梏、建立一種嶄新的文學樣態做出前無古人的開創性努力和貢獻。作家們固然不可能不受時代社會的影響，但是在那些最優秀的作品裏，時代、社會、思潮均成爲背景，作者自我對這一切因素的穿越，以自我「情感」的發抒，對藝術「形象」的重視，對「文字」的安排組合，構成其作品豐滿堅實的質地，以其審美上的成功而非其它，組成一條風姿綽約的現代文學畫廊，標誌了和晚清、民初的蕪雜粗疏判然區別的文學的成型。

因此五四新文學提供的最重要的毋寧說是這個「審美－獨創」的傳統。表面看來，我們的文學史基本上是「啓蒙－救亡」和商業傳統各安其位、在各自的時間和空間內發生作用；前者和建立民族國家的大命題緊密相關，後者則構成了都市的市民個人閱讀空間。但是看看文學史我們會發現一個很明顯的事實，就是它們三者並非截然分開，而是相互滲透：商品－媒體意識爲啓蒙－救亡文學提供載體，並促成其大眾化、通俗化，而啓蒙－救亡意識則拓展了前者的表現空間；獨創－審美傳統則在整體上以其自由意志和個體化特徵提升二者的現代品質。同時我們必須看到，「鮮明的政治傾向和強烈的功利目的，以致成爲鬥爭的自覺工具，使新文學就整體而言，難以成爲眞正意義上的『純文學』……從 20 年代的思想啓蒙，到 30 年代的左翼運動，再到 40 年代的工農兵方向，整個新文學越來越直接的捲入人民革命的漩渦，從而意味著距離『藝術之宮』即『純文學』越來越遠而非越來越近。」〔註 9〕這也就是說，審美－獨創傳統在啓蒙－救亡文學裏不是越來越強化而是越來越弱，而 40 年代的淪陷上海文學則鮮明的表現出：這一傳統在商業化文學裏反而得到了更好的體現，這證明了商業化文學在相對自由獨立的狀態下所具有的極大的包容力，以及市場所要求的閱讀快感、趨新衝動和文學品質在一定程度上的並行不悖。同時淪陷上海文學的得與失，也說明了這樣一個道理：文學在市場制約和作品的商品化情勢下發揮其「審美－獨創」精神的強度和張力，是決定其能否獲得令人滿意的高質量、高水準的關鍵所在。

二、「商品－市場」傳統下的淪陷期上海文學

對於上海而言，「淪陷」早已開始，1941 年底的「淪陷」，其要害在於「租界」的消失，這是一個重要的事件。自 1941 年 12 月 8 日日軍進佔租界，這塊歷來爲政治家、革命者、不同政見者提供陰蔽的「治外法權地」徹底不存在了，抗日愛國文學賴以活動的這塊「孤島」終於「淪陷」。日本侵略者次日即查封商務、中華、世界、開明、大東五大書店，檢查各店存書，規定取締

〔註 9〕樊駿《能否換個角度來看》，載《中國現代文學研究叢刊》2001 年第 2 期。

書刊條例，包括宣傳共產主義、有抗日言論、寫有「東三省」字樣的書籍圖表，都在禁書之列，孤島時期那些激烈的宣揚抗日言論的報紙、刊物，如《正言報》、《大美晚報》、《奔流新集》、《文苑月刊》等二十餘種報刊，均被查抄、或被迫停刊。同時日軍對抗日愛國作家實行種種迫害，許廣平、朱維基、陸蠡、夏丏尊、趙景深等先後被拘捕或傳訊，陸蠡更英勇就義。作家們爲躲避迫害，紛紛離滬流亡，留居上海的如柯靈、王統照、唐弢等閉門隱居，啓蒙－救亡文學的空間基本上喪失殆盡。

在這樣嚴酷的時局下，能「平安」度過「淪陷」而繼續發行、出版的，僅有陳蝶衣主編的《萬象》、周瘦鵑主編的《樂觀》和顧冷觀主編的《小說月報》這樣幾份雜誌，它們的背景都是商業公司〔註 10〕；而出版物則程小青的偵探小說「霍桑探案」叢書幾乎佔據市場近半的份額。不論出版社還是雜誌社，他們之所以能夠一方面爲當局所「容忍」，另一方面與日僞保持距離——拒不刊登向日僞獻媚邀寵的文字，更與日僞炮製的「和平文學」、「大東亞文學」涇渭分明，甚至根本看不到有日僞背景的作家的名字——這跟它們注重編者個人趣味和讀者市場、淡化政治色彩的辦刊意識有關：淪陷前並不高喊抗戰，淪陷後也與漢奸文學保持距離；既不向政治送秋波，也不與之公然對立唱反調，而關注市民讀者所關心的日常生活、男歡女愛、以及種種與個人生存相關的社會問題。此期最著名的雜誌之一的《大眾》，就明確地將「不涉政治」和表現「日常生活永久人性」爲辦刊宗旨〔註 11〕。他們關心讀者之所好、重視爲讀者喜愛，目的是爲了擴大銷量、獲取利潤，並將此視爲對自己的肯定，《萬象》自創刊之日起，銷量逐月穩步上昇，編者興奮地宣稱：「這實在是太使人興奮的事，本刊的銷數，由五千遞增到二萬，現又突增至三萬五千……」〔註 12〕他們尊重讀者意見，常常爲了讀者的建議作適當的調整，有自己的不同想法、要求、苦衷，均向讀者一一細加說明，同時也以自己的口味和取向，對讀者作潛移默化的影響……應該說，對讀書市場的佔據和商業背景，使它們能夠在艱險的世道獲得生存，比較起其他刊物，這類刊物發行時間一般較長：《大眾》、《春秋》自創刊之日起便一直印行不輟，成爲極少數堅持到出版條件最爲艱苦的抗戰結束的 1945 年 8 月的雜誌之一；《萬象》

〔註 10〕例如《樂觀》的主辦者是上海九福製藥公司，《小說月報》則是聯華廣告公司。
〔註 11〕見 1942 年 11 月《大眾》創刊號之《徵稿簡章》和《發刊獻辭》。
〔註 12〕陳蝶衣《編輯室》，《萬象》第 1 卷第 11 期。

也只是在柯靈被捕後一度停刊，不久又即復刊。同時在淪陷區這種特殊環境裏，它們還成爲抵制日僞言論滲透的一方園地，更爲啓蒙－救亡文學提供了一定的空間，《萬象》自 1943 年爲柯靈接編後，遂成爲新文學作家在上海唯一聚集的園地，而《春秋》等雜誌，更奉大後方的愛國作家茅盾、巴金等爲正統〔註 13〕。在出版界，幾個著名的出版公司被查封後，此期主要是一些名不見經傳的、以營利爲目的的小出版社，印行的作品也以市民讀者喜愛的通俗小說、戲劇爲主〔註 14〕。

文學的商業化傳統在淪陷上海取得支配性地位，也反襯出日僞炮製的「漢奸文學」的不得人心、軟弱無力。日僞出於「建設新中國」和「大東亞共榮」的需要，先後推出了「和平文學」與「大東亞文學」，但是僅限於空洞的宣傳，如宣揚侵略中國只是爲了反抗西洋文明，幫助中國及亞洲各國從西方殖民統治下解放出來。這些鬼話老百姓毫不相信，他們自己也拿不出像樣的作品，因此上海不像在華北、東北淪陷區，因爲日本人經營時間較長，僞滿洲國畢竟是正宗的清代皇室，又有周作人這樣的新文學元老臨危失節，因而根基較深，還能拼湊出一些文藝機構組織，在上海是根本成不了氣候。同時汪僞一夥雖以身事敵，內心畢竟心虧膽怯，而日本方面又將其視爲傀儡、走狗，因此汪僞政府籠罩著一種無爲而治、灰心意懶的氣氛。他們都已經意識到過於明確的宣傳不能起到效果〔註 15〕，同時也無力進行嚴密的控制，因此許多有日僞背景的刊物也沒有什麼政治言論：例如汪僞政府的宣傳骨幹朱樸在 1942 年創刊的「文史半月刊」《古今》，雖「高官」、「名流」雲集，但總體上彌漫著一種消沉頹唐、名士氣、文人氣極重的復古氣味，而且勾微鎖沉、無所不談就是不談政治。此期影響較大的綜合性刊物《雜誌》，背景繫日方的新中國報集團，但是社長吳誠之、主編羅烽等，則均爲奉共產黨之命打入敵後收集

〔註 13〕《春秋》自第 2 卷起，就陸續將巴金、茅盾等的作品選段作爲「前置詞」鄭重地向讀者予以推薦，暗示了一種渴望光明和解放的心願。

〔註 14〕淪陷期間共出版各類文學書籍約 200 種，其中有 75 種爲通俗小說、戲劇，其餘較多的爲新市民作品及翻印的五四新文學作品，出版界之低迷可見一斑。

〔註 15〕周佛海明確指示：「從前和平運動時期那種刊物已經過去了，而那種刊物成績之所以不大好之故，乃在於主辦者未能專心從事，以後的出版物當然要實事求是，放棄這一種作風，而於從事復蘇文化著眼。」日方也認爲：「爲使一般的大眾參加到和平建國的陣容裏來。而用了直接的命令的片面的議論是不大得策的，我們寧可不去講理論，而把安慰和娛樂贈與他們，然後慢慢的使他們理解我們的主張。」

情報的地下黨員、原左聯成員。他們除了發表少部分應景文字和有日僞背景的作家作品外，主要是積極扶植新市民文學、注重文藝評論，表現了較爲嚴肅的態度，甚至以含蓄的形式宣傳馬列主義文藝理論思想，因此不應算到「漢奸文學」帳上。《文友》、《文協》是有較多漢奸言論的刊物，但是其文學作品所佔分量很輕；眞正富於文學色彩的應推另一較有影響的「純文學」雜誌《風雨談》以及主編柳雨生以敵僞資金接收的太平出版公司，在推出一批有價值的作品的同時，也推出了少許眞正堪稱「漢奸文學」的作品和書籍；不過總的來說，與商業化文學相比，他們不論在數量上、作家上、對讀書市場的佔領上都大爲遜色。

1943～1944 年是淪陷上海文學的復蘇年、繁榮年。這時一個值得注意的現象是一批文學新人登上文壇，出版了一批帶有同人性質的文學雜誌，其中影響較大的有詩人路易士、南星等主辦的《文藝世紀》和《詩領土》，前者「以研究及介紹世界文藝並從事整理我國歷代文藝的遺產以及創新文藝爲宗旨」，尤其注意於純文藝理論的翻譯和研究，發表了不少頗有水準的文藝理論作品。後者在標榜尊重詩歌風格多樣化的同時，鼓吹「現代詩」，成爲此期極爲凋落的新詩的唯一陣地，「詩領土社」還出版了幾部詩集和有一定探索性的小說，彌補了此期文學的空白；另外即是馬博良、鄭兆年的「兆年書屋」發行的《文潮》、《潮流》和《碧流》月刊，它們或以純文藝相標榜（這個純文藝與《風雨談》的「純文藝」表現出不同傾向，主要是新文學的人道精神和寫實主義，而且吸收一部分華北作家的作品）、或以青年讀物自詡，《碧流》有很多頗具思想性和現實針對性的雜文，具有一種銳意進取和新鮮的氣息。但是很快淪陷區的物質條件惡化，物價飛漲，紙價更如脫繮野馬，成爲百物之首〔註 16〕，這些雜誌基本上只出了幾期就停刊了，故影響也極爲有限。

這樣我們可以歸納出淪陷上海文學是一種以「商品－市場」傳統爲主導

〔註 16〕《文友》第 2 卷第 12 期《戰時的文化建設問題》（徐頌華）有這樣的描述：「事變以來，中國文化的沒落，足令人浩歎。整個文化界，差不多陷於停業的狀態。其中打擊最重的，要算出版界，主要的原因，是由於紙價的飛漲，一般文化商人，寧做囤積生意，不願幹文化的事業。……戰時以還，上海物價高的是紙，事變前，白紙每令二元，今年正月漲至 7000 元，又跌至 5000 元大關，即以目前價格而言，也有 2500 倍了。以如此巨大的紙價，想謀文化的發展，其困難自非片言所喻。……現在上海物價最低也比事變前漲了二三百倍，而文化人的待遇，尚不及 50 倍。」

的文學，它具有如下一些具體的特色：

一、此期文學主要是一種「報刊文學」，而且很少是純文藝報刊，大部分是一些綜合性刊物〔註 17〕，報刊作品很多，新書單行本很少，三年內僅出版文學書籍約 200 種，而且還有不少是翻印淪陷前的作品。此期也幾乎沒有什麼流派、社團，同人雜誌極少，名作家也不多，但卻有很多名刊物、名編輯，每種雜誌所表現出的價值標準和藝術趣味，幾乎都明顯地體現出編輯者的個人興味，深深地打上了編者個人的印記，並聲氣相投地吸引了相對固定的作家群落，表現出各具特色的創作傾向：例如《紫羅蘭》的女作家群、言情作家群、《大眾》的新市民作家群、《萬象》前期的通俗作家群和後期的新文學作家群，等等。這些體現出編輯作者在迎合讀書市場的同時，已經開始以自身的趣味和價值取向影響著讀者、塑造著新的讀書市場。

二、文化價值中心的離失，造成價值、道德、倫理諸方面的灰色迷霧，極大地吸引著市民讀者對自身生活的探究興趣；而「不談政治」的氛圍更使個人（其具體身份爲「市民」）生存際遇和情感欲望的表現成爲此期文學的主要內容；此時最受歡迎、走紅一時的作家基本上以本書將要重點談到的「新市民作家」爲主，從某種意義上，新市民作家可說是將「五四」以來帶有意識形態性質的「人」的觀念和商業化社會催生的重實際利益現實生存的個人觀念結合得最好的一群，在這些作家筆下，前者賦予後者以價值和意義，後者使前者顯得具體切實。其中尤以張愛玲、蘇青、予且名噪一時，他們都是表現市民人生、揭發市民人性的好手。

三、文學論爭很少，文學理論和批評也較薄弱，這方面著力較多的僅有《雜誌》、《詩領土》等少量刊物和掀起「通俗文學運動」的《萬象》。在三個方面它們幾成共識：（一）在新文學已被普遍認可的前提下，對其重新審視和評價，出現相當數量的總結性回顧性文字，並質疑「精英文學」，尤其反對「新文藝腔」。（二）肯定舊文學所含有的積極因素，回歸傳統去尋找傳統中所包含的有生命力的東西，「國故與新知」一類欄目是許多綜合性刊物的一個具有相當份量的項目。（三）對通俗文學寄予厚望，致力於提升通俗文學的現代品質，認爲它是溝通新舊文學、並使「五四」以來的種種現代化觀念深入大眾的唯一途徑；通俗文學自信力的提升，對其品質格調整體上的雅化具有重要

〔註 17〕以《萬象》爲代表，談世界獵奇、戰局報導、科學知識、生活常識的欄目，佔了相當數量。

意義。另一方面，文學評論雖不多，但出現了向內走的趨勢：即從關心寫什麼、意義何在，轉向關心怎麼寫、關注文學作品內部的堂奧。他們的見解很好地消化了「五四」以來的歐化小說格式，注意從舊小說中吸取有益的因素，並相應地出現了一些富有個人風格的作家作品。

四、從文體來說，重視故事情節的小說、戲劇繁榮，清談憶舊和表現個人生活意趣的散文風盛行，雜文、新詩、評論則異常低落。

五、文學翻譯出現一個引人注意的現象就是，又開始恢復晚清民初的「意譯」風氣，而不是「五四」以來的「直譯」。此時的翻譯大多以「改寫」或「改編」爲主，即只保留一個原著的故事「外殼」，其他如人物、地點、事件包括背景都完全中國化了。尤其在戲劇方面，由於歐美電影被禁放，大量改編的歐美戲劇迅速被搬上舞臺或銀幕，對淪陷上海「戲劇熱」的出現具有很大作用。

三、淪陷期上海文學對兩種傳統的容納和吸收

事實上我之所以沒有使用「雅－俗」這對概念來描述淪陷上海文學，的確是因爲我發現了此期文學面貌不同於戰前通俗文學的諸多新質。也就是說，由於啓蒙－救亡文學的顯性空間的消失，它只能以隱性的形式滲透到商業化文學中去，以娛樂性、消遣性和純文學等爲掩蔽，曲折地表現出來。而此期文學面貌改變的更大根源是它對新文學「審美－獨創」傳統的吸收，即通過作者自我意識的張揚，賦予「情色男女」、「俗世悲歡」以個人化的理解和把握，正是這一眞正現代性意識的滲透，使置身商業機制之下的文學體現出相當的活力與藝術上的極大可能。

事實上無論哪一種「傳統」，都極大的依賴於出版事業的繁榮。上海由於有遠東第一都市的雄厚實力，並有歷來富饒的江南魚米之鄉爲四鄰，在戰爭中雖然受到較大的打擊，但除了戰爭後期即 1945 年，它的情況和大後方及其他淪陷區相比，還是要算是最好的。只要不與當局公然唱反調，作家編輯還能擁有一個能夠生存的寫作園地。環境的逼迫使得此時的上海作家有著強烈的避世心態，但時代的風雲如此激蕩，讀者們也不免會對時局抱有格外濃厚的興趣。在這樣的時代要做一個完全不問「世事」的「賣文者」是不可能的，他們的文字中不可能不帶有時代的氣息，於是，「此時的上海文學期刊就出現了特有的『春秋筆法』。這種『春秋筆法』表現在兩種文體上，一是世界

熱點地區的通訊報告；一是借古諷今的『故事新編』。40年代的中國是當時世界戰爭的重點地區，深有意味的是此時上海的文學期刊上幾乎找不到一篇寫中國戰爭的通訊報告，而世界其他地區的戰爭通訊報告卻充塞於每一份文學期刊上。……在這些報告中，作者寫實事，寫故事，幾乎不加任何評論和分析。我們可以體會到編者作者的良苦用心。他們既要關心時政大事，卻不願意得罪當權者；它們既要表露對時政的看法，卻不願意給人留下把柄。然而讀者翻開雜誌卻能感受到時代氣氛，從文章的閱讀中理解作者的寫作意圖。這確是特殊環境中的雜誌編輯法和文章寫做法。與這些通訊報告的隱晦相比，『故事新編』要率直的多」〔註18〕。最著名的作家有譚正璧、平襟亞，他們借鑒了魯迅《故事新編》歷史題材小說的寫作法，更明確地表達出一種影射現實的精神，譚正璧的《琵琶行》以屈事鮮卑的秦氏父子的下場說明了「這都是向人諂媚的結果」，是對卑躬屈膝的漢奸者流的一記棒喝；《永遠的鄉愁》寫李清照，以昔日的幸福美滿，對比今日的顛沛流離，直指日本入侵帶給中國人的深重災難；《阿房宮》則借項羽的殘暴導致迅速毀滅的結局，表達出對日本侵略行徑必遭失敗的信心〔註19〕。平襟亞以「秋翁」爲筆名創作的「故事新編」，內容涉及40年代中國社會的各個方面，並結集爲《秋翁說集》〔註20〕出版，其中《張巡殺妾饗將士》，將張巡當年堅守睢陽城、拒不投降敵人的事蹟編成了當代的故事，不難見其現實諷喻的意圖。

此期文學對啓蒙－救亡傳統的吸收還有很多種：直接的如柯靈主編的《萬象》發表了一大批新文學作家作品，例如羅洪的連載長篇《晨》〔註21〕，「以呂大成一家爲中心，鋪展開縱橫交錯的枝蔓，直接描繪了孤島時期上海社會『一方面是荒淫奢靡，一方面是嚴肅的工作』的特殊歷史景象。」〔註22〕隱晦些的如陳蝶衣主編的《春秋》，在《創刊詞》裏已透露出孔子著《春秋》之「微言大義」的用意，自第二卷起，每期都以大後方作家如巴金、茅盾、老

〔註18〕《論四十年代上海〈方形刊物〉》，載《中國現代文學研究叢刊》2001年第2期。

〔註19〕載《春秋》創刊號、第1卷第4期。

〔註20〕《秋翁說集》，上海萬象書屋，1942年10月出版。

〔註21〕此文未經連載完畢，即因羅洪遭受憲兵隊迫害而終止，羅洪潛入後方，戰爭結束後將其寫完，定名爲《孤島時代》。這是她在40年代的唯一一部長篇小說。

〔註22〕陳青生《年輪——四十年代後半期的上海文學》，上海人民出版社，2002年1月第1版，第113頁。

舍等作品選段爲前置詞，例如這樣的句子：「等候等於自殺，……勇敢的人不等候，而要跑到時間的前面去。我們等著太平日子自天而降，我們便只能得到失望」〔註 23〕「夜更加冷了！這麼長的夜，還不見一線白日的光亮，不曉得要到什麼時候才是它的終結？枯坐著等是沒有用的，不會有人來叩門，我應該開門去看看天空的顏色，我應該去尋找晨光的徵象」〔註 24〕。這些話出現在抗戰已接近尾聲、但也是最爲艱苦的 1945 年，對於人們精神上的鼓舞，可說編者和讀者是彼此心照不宣的。

商品－市場傳統下的文學還容納了有著鮮明意識形態色彩的左翼文學，使之以市民化、商品化的面目滲透至敵僞雜誌，爲自己的目的服務。日本法西斯打著「反共」的旗號，但是它的兩份重要刊物《雜誌》與《女聲》，其實都被左翼作家所掌握〔註 25〕。他們以巧妙的形式，例如《雜誌》通過對新市民小說的重視、《女聲》通過對婦女閱讀趣味的迎合，繼續傳達一種「左派」的精神品格，呼籲文學爲現實鬥爭服務，呼籲作家們不要忘記了自己的使命和責任，也鼓勵婦女自立自強，不斷追求和奮鬥。

通過對啓蒙－救亡傳統的吸收，使戰前即已存在的一些通俗小說的類型有了很大改觀：我們看見了「不談愛情」的言情小說、充滿現實人生悲感的「滑稽小說」、滲透人道同情的「狹邪小說」和直斥日僞政策的「黑幕小說」、「偵探小說」。不像在華北、東北淪陷區，色情、豔情小說還有相當地盤，上海則是幾乎不見其蹤影，相反，倒是出現了一大批洋溢著都市理性和現代文明意識、以「日常生活」爲內容的頗具現實主義作風的市民小說。

相比較而言，對「審美－獨創」傳統的繼承，則不是那麼明顯，但是還是能夠理出一些線索來，正是它們構成了此期文學不同於任何一個時期和地點的文學的面貌，並提示了一種新的可能性：

一是對「人」的命題的發揮，應該說，開埠以來，上海市民階層中一直存在著一種以個人的現實生存和實際利益爲價值重心的「個人觀」，並且和「五四」以來的個人觀形成對照：「人」的發現儘管是「五四」最重要的事件，但是這個「人」在多大程度上是指向絕對的、孤獨的「個體」，卻要大打折扣。因爲，「一個人只有作爲社會的人才能發現自身的意義……中國現代思

〔註 23〕老舍《過年》，載 1945 年 1 月《春秋》第 2 卷第 2 期。
〔註 24〕巴金《長夜》，載 1945 年 2 月《春秋》第 2 卷第 3 期。
〔註 25〕詳見本書第七章。

想中的個人觀念與對集體的歸宿感的聯繫是非常顯然的。」〔註 26〕在那個時期，「個人、個體和個位等觀念成爲較之國家、社會、家庭等集體性概念更爲重要的概念，但這並不意味著這個時代的人們已經普遍的相信絕對的個人是唯一值得注意的事情，毋寧說，個人的解放是通向群體、社會和國家的眞正解放的基本條件。」〔註 27〕戰爭以前，前一種個人觀儘管存在，但一直處於某種隱形地位，戰後它才浮出水面，處於顯性位置，並且獲得了一種意識形態上的意義：淪陷區人民已被「國家」所遺棄，國家的「缺位」使個人的犧牲和努力突然變得沒有意義。人們發現必須自己面對一切，包括死亡和日常生活的種種磨難。可以說，「正是在經歷了連最起碼的基本生存都將失去的「死亡」的威脅後，……劫後餘生的淪陷區作家，重新關注被遺忘、忽略的『身邊的東西』，發現正是這個人的瑣細的日常生活構成了最基本、最穩定、也更持久永恒的生存基礎，而個人的生存又構成了整個人類（國家、民族）生存的基礎。」〔註28〕於是「日常生活」代替了抽象的烏托邦，「永久人性」代替了對人的種種理論界定，而成爲人們關注的重心，個體的生存現狀可以被「理直氣壯」地對待，並形成對那種過於明確的道德倫理生活教條的解構，昭示了一種新的倫理和新的美學。

個人對自我有限性的深刻認識，導致淪陷區的個人主義：這個世俗的、身體的和物質性的個人是絕對的也是短暫而脆弱的，自我之外不存在別的更大的目的；這種對個人生存、個人幸福的極端重視，使此期作品表現出更大的倫理包容力和更豐富多樣的人性內容，個人明確地成爲先於本質的存在，保全自我不再是怯懦和妥協的行爲，而具有嚴肅性和尊嚴。應該承認，個人的本體性價值被認識、被確立，是一個前所未有的事，一個進步。這種個人觀對於文學是有非常積極的意義；但是止於個人的現實生存和實際利益，卻導致了它的先天不足：它或者體現爲視個人現實生活、實際利益高於一切的利己主義，因而顯得平面和靜止、孤立和封閉，難以使「個人」成爲一種具有深度的存在；或者通過對所謂「新派」、「洋派」人物的諷刺和「自由戀愛」帶來男女關係的混亂及其對於傳統家庭倫理的破壞的檢討，在個人與外界的和解中，導向對於傳統的、世俗的倫理道德觀的妥協和認同，「對於 40 年代

〔註 26〕汪暉《汪暉自選集》，廣西師範大學出版社，1997 年 9 月，第 39 頁。

〔註 27〕《汪暉自選集》，第 48 頁。

〔註 28〕錢理群《「言」與「不言」之間》，載《中國現代文學研究叢刊》1996 年第 1 期。

文學中傳統道德觀、家庭觀、婦女觀的回歸，學術界皆有同感。」〔註 29〕同時這兩者在深層都受到「功利主義」思維方式的左右而具有一致性。因此如何突破這一局限、建立具有超越性質的「個人觀」就成了一個非常重要的問題，張愛玲的成功也正在於她深刻地表現出這種功利主義「個人觀」的精神殘缺等諸多失陷。

二是關於「新文藝筆法」和通俗小說。在白話文、歐化句式、新小說樣式等已被普遍認可、新文學的主導地位已經牢牢建立起來的基礎上，淪陷上海文壇出現了一種對新文藝筆法的質疑和重估舊文學價值意義、重視通俗文學的潮流，這對於現代文學獲得本土化的品格與自身的拓展、進步，是有重要意義的。《雜誌》第 10 卷、第 11 卷連續登載了關於「新文藝筆法」的討論，它始於署名李默的《論「新文藝筆法」》〔註 30〕，它讚美舊章回體小說簡潔傳神、明白如話的長處，認爲「文章不一定盡如說話，但『語』和『文』決不能距離太遠」，指出新文藝「腔勢盡使在外邊，不從事激情勢的需要表現，而在詞句上發泄完結，看了令人感到肉麻而已」的毛病，並明確地提出了「巴金長篇中一種新文藝式濫調的害人」，從而引起諸多作家加入討論，大多對新文藝筆法之濫、之與主題中心游離的毛病有同感，但他們卻也並不贊成回到舊形式、章回體中去，因爲以感官如此銳敏的現代人，表現如此豐富的現代生活，則「從前簡勁的文藝筆法，用以表現古人簡樸的生活經驗，還可左右逢源；但用來表現現代人的生活，就不夠應用了。」「也就是非另創一種文藝筆法，以適應現代人所需要的表現形式不可。」〔註 31〕並指出「時下的一般新文藝作品倒是患了另一種毛病，就是寫得太簡陋。人物沒有逼眞的容貌，顯著的個性，其背景也缺乏時空的特徵，不知道在必要的場合去做放大的特寫，對於中心題材做細密的構思——不充分。」〔註 32〕而一些人朦朧意識到問題在於作者獨創性的喪失：「『腔』決不是風格，風格是個人的筆法，腔卻是一窩蜂的模仿。」醫治的辦法之一便是「尊重個人風格，創造風格」〔註 33〕可以說是接觸到了問題的實質。對新文藝筆法的否定性繼承，注重個人風格的建立，以及一定程度上對舊小說筆法的利用，這正是淪陷上海文學一部分

〔註 29〕孔慶東《超越雅俗》，北京大學出版社，1998 年第 1 版，第 164 頁。
〔註 30〕載《雜誌》第 10 卷第 5 期。
〔註 31〕馮三昧《新文藝的內容與形式》，載《雜誌》第 11 卷第 2 期。
〔註 32〕丁三《文藝的表現技術》，載《雜誌》第 11 卷第 2 期。
〔註 33〕望鼎《新文藝腔醫治法》，載《雜誌》第 11 卷第 2 期。

優秀作品的共同特色。比較而言，《萬象》發起的「通俗文學運動」聲勢更爲浩大，它對打破「五四」以來文壇新、舊、雅、俗涇渭分明的局面，提升通俗小說的地位和品格，起到了很好的作用，更重要的是，儘管它在理論上似乎仍然局限於視通俗文學爲溝通新舊文學的橋梁和以大眾化形式傳布新思想的最好載體，但是此期很多作品已經明顯地突破了這個套子，體現出更豐富和深厚的內涵。此期不少文學作品呈現出這樣的質地：以「人道主義」等包裹市民感興趣的情欲、歡場、赤貧題材；對舞女、妓女、下層人物的悲憫同情，常常敵不過對其生涯的好奇和趣味盎然。也就是說，他們在作者筆下已經不只是一個被同情、被啓蒙的對象，他們身上的某些值得人注意的新的品質，突破並拓展了作者的主觀理性，也就是說，儘管作品裏呈現出來的屬於作者自我的精神力度似乎不那麼顯明，但是另一種湧自原始生命和生活深處的強大而生動的品質，凸顯了一個「道德」的模糊地帶，構成了淪陷上海文學的又一「異狀」。最典型的例子例如周天籟《亭子間嫂嫂》，其主人公不斷走出作家的知識分子視角和較爲「正統」的價值判斷，表現了一種來自底層民間的智慧和生命力，以及對生存本身的倫理合法性的承認。

三是作者自我的定位問題。先請看如下一段編者言：

> 編者原是不學無術之人，初不知高深哲理爲何物，亦不知聖賢性情爲何如也，故只求大家以常人的地位說常人的話，舉凡生活之甘苦，名利之得失，愛情之變遷，事業之成敗等等，均無不可談，且談之不厭，並特地聲明「新文藝腔過重者不錄」。既不談抽象深奧的大道理，也要求率性而發，重在趣味，三講究談個人生活。（《天地》發刊詞，蘇青）

這種「放肆」和故意的自我「貶低」，其實暗含了一個否定的對象：那就是五四－小說界革命－以來以「啓蒙者」自居的文學定位，現在他們要扯下罩在文學臉孔上過於莊重的面具，恢復其活潑的俗世姿態。稍微嚴肅些的也不過是：

> 我們不談政治，不言哲理，不作大言之炎炎，唯爲小言之詹詹。以提倡文藝爲歸，以介紹知識爲的。使人們在春秋佳日中，繼續不斷地讀到我們的刊物，而一抒胸襟，多少得到些益處，這就是我們的唯一希望了。（《春秋》發刊詞，陳蝶衣）
>
> 在如此窒息與廢亂的氛圍中，許多聲音都在喧囂，我們還有若

干不甘緘默的人，要求一個發言的園地。（《雜誌》復刊聲明，吳誠之）

即使是《古今》這樣有日偽背景的刊物，也一再強調：

古今之出版並非為什麼提倡學術、宣揚文化等等大題目，不過為我個人遣愁寄情之舉，……本刊完全是一個私人刊物，一個百分百的自由意志的刊物……（朱樸《古今》第九期《滿城風雨話古今》）

以一個常人、世俗中人的身份來發言，變成了一種共同的立場。淪陷上海文學因而變成了一切「發言」者的文學，個人因為意識到自己是一種「說話的存在」，充滿了由於文化價值中心失落而導致的對世界發言和命名的渴望：

世間一切動物，凡是有一張嘴的，總要飲要食，除此之外，更要說話。鳥啾啾而言，馬蕭蕭而言，蛙格格而言，至於我們人類，就應該侃侃而言。只要有一日活著，我們便一日要飲食，也一日要說話。不論何時何地，我們總不能長期沉默，一語不發……

說話有時候，有地方，然而也有不限於一定時候或一定地方的，這便是一種適合於永久性的說話，以及一種有益於日常生活的說話。

我們今日為什麼不談政治？因為政治是一種專門學問，自有專家來談，以我們的淺陋，實覺無從談起。我們也不談風月，因為遍地烽煙，萬方多難，以我們的魯鈍，亦覺不忍再談。

我們願意在政治和風月以外，談一點適合於永久人性的東西，談一點有益於日常生活的東西。

我們的談話對象，既是大眾，便以大眾命名。我們有時站在十字街頭說話，有時亦不免在象牙塔裏清談；我們願十字街頭的讀者，勿責我們不合時宜；亦願象牙塔中的讀者，勿罵我們低級趣味。（《大眾》發刊詞）

「說話」、「小言」、「常人」，成為此期作家們自我定位的三個「點」：

文學的主體不再是高高在上的「啓蒙者」和代言人，而是一個「常人」，一個有著生老病死的憂懼、充滿日常生活瑣事的煩惱、并獨自面對著自己的生存和欲望的普通人；寫作也有了更明晰更親切的內容，那就是一種「說話」，有話則長、無話則短，而且這「說話」的內容，非一切高深大題目，而是「小言」，何謂小言？與世俗的生活、情感、欲望切切相關，可以說從這三個方面，作家們作爲且僅僅作爲發言者的地位，第一次被明確的承認，而改變了「五四」以來以啓蒙者、精英者自居的寫作者立場。

同時我們也應看到，這種個體發言者身份的確立，不是帶幾分「無知者無畏」的佻薘，就是隱含了幾許「言與不言」之間的苦衷，「萬方多難、遍地硝煙」的嚴酷現實無可避免地成爲此期文學的黯淡背景，對個人衣食住行、情愛名利的關注背後免不了那份蒼涼與無奈、空虛和自嘲。所以以這樣的精神狀態和自我定位，眞正力透紙背的，仍然是蒼涼和空虛、無奈與自嘲，這也構成了淪陷上海文學最具美學魅力的整體性風格基調。

爲了充分表現出市場制約下淪陷上海文學的特殊質地，我將此期文學與市場密切聯繫，以讀書市場的不同層次的需要，而將作家們歸入不同的群落，並以作家群落甚至是單個作家的論說方式，圍繞「商品－市場」爲中心來結構這一時期的文學。我希望從具體的作家作品分析和梳理中，一方面爲長期處於民族感情的義憤和道德曖昧地帶的淪陷上海文學提供一個美學的闡釋、一種欣賞和理解；另一方面希望能從中盡量令人信服地得出我的上述結論，並成爲當代文學一個現實的對照。

第一章　以傳統人文精神重建文化市場——「舊派」作家群

舊派文人善於辦刊、善於經營，幾乎是一個共識。淪陷初期，當那些有著明顯抗日言論的雜誌、書店被封時，只有一批舊派作家的雜誌慘澹經營，支撐起上海文壇的江山，形成了一支堪與漢奸文學相抗衡的力量。它們是「商品－市場」傳統的中堅，在淪陷上海起到了重要的作用。

所謂「舊派」是一個曖昧而混亂的稱謂，它和鴛鴦蝴蝶派、通俗文學作家大體同義，而與「五四」文壇的「新派」相對，也就是在都市化、現代化的過程中並不排斥對舊的章回體小說、對傳統倫理的熱情的一批作家。在二三十年代，由於認同了文學界對自己的鄙視，缺乏自信顯然極不利於創作。四十年代的淪陷爲之提供的一個重要契機就是，由於重新佔有了一種顯赫的位置，他們獲得信心，其傳統人文精神的高揚，在這一特殊的政治年代顯示出明確的道德取向和高潔正直的人格力量；同時也暗合了市民讀者的某種價值期待：以傳統的理想、信念、浪漫精神和俠義情懷，質疑物欲橫流、人欲橫流的現實社會，滿足了政治高壓下人們的某種抵抗情緒，因而獲得大眾的喜愛。

我這裡要討論的部分舊派作家，集中體現了自晚清以來，這些作家們以傳統的人文關懷，在現代物質文明的發展、西化的生活方式、現代出版業、法制觀念等一系列眞正了改變了中國人傳統的生活和觀念影響下，所發生的現代化轉變的實績：在語言上，他們漸漸拋棄了原來的文言而採用了現代白話語言，在形式上完全拋棄了舊小說格調，進一步趨新、歐化了，在思想意識上進一步強化了原有的反封建意識和個體化立場；一批舊派作家如包天笑、徐卓呆等，在對傳統人文精神的堅持下，體現出較強的藝術個性和鮮明的價值判斷，並表現出一種新向度的現代化追求。更重要的是，他們中一部分身兼作家和編輯二重身份，在對都市市場的迎合和佔有的同時，更以自己的人文精神、審美趣味、文學理想，潛移默化地塑造著一種新的讀者群落和文化市場。這方面貢獻最大的要推四個雜誌：顧冷觀主編《小說月報》、錢須彌主編《大眾》和我將著重談到的周瘦鵑、陳蝶衣主編的《紫羅蘭》與《萬象》。

《小說月報》明確表示要提供給「劫後」的讀者「一種新鮮的精神食糧」〔註 1〕；《大眾》更打出了「不談政治」、「不談風月」的口號，如果說「不談政治」還有一些不得已的苦衷，那麼後者卻體現了編輯自覺的嚴肅取向：與政治文學、色情文學絕緣，而寧願「談一點適合於永久人性的東西，談一點有益於日常生活的東西。」〔註 2〕將通俗文學的娛樂性、趣味性和新文學直面人生的現實精神相聯繫，大大增加了此期舊派陣營新舊相容的包容力並提升其品格，使之成爲新市民作家、新文學作家包括更年輕一代一展身手的大舞臺。

一、周瘦鵑：對自我情感體驗、審美立場的堅持

周瘦鵑是重要的言情小說作家和著名報人，自民國始，歷任《申報自由談》《春秋》《半月》《紫羅蘭》《紫蘭花片》《新家庭》《樂觀》等報刊雜誌主編。上海淪陷後，他一度隱居，至 1943 年 4 月，爲「發揚都市文化」〔註 3〕，與友人共同籌畫創辦了新《紫羅蘭》文藝月刊。他的編輯方針，是「文學與科學合流，小說與散文並重，趣味與意義兼顧，語體與文言齊收」〔註 4〕，但總的說來是以文學作品、白話文爲主，也兼顧一些讀者的戀舊心理，刊有一些舊體詩詞。

周瘦鵑這一期間的創作亦堪稱豐富，主要有長篇小說《新秋海棠》（係對孤島時期秦瘦鷗名作《秋海棠》的續作）、長篇詩文《愛的供狀》，揉知識性趣味性實用性爲一體的系列散文《花經》，並翻譯了西班牙劇本《風和日麗之

〔註 1〕見 1940 年 10 月《小說月報》創刊號之《創刊的話》。
〔註 2〕見 1942 年 11 月《大眾》創刊號之《發刊獻辭》。
〔註 3〕周瘦鵑《寫在紫羅蘭前頭》，載 1943 年 4 月《紫羅蘭》創刊號。
〔註 4〕周瘦鵑《寫在紫羅蘭前頭（二）》，同上期。

辰》和安特列夫獨幕劇《懸崖之上》〔註5〕。

古典的「情感至上」和「唯美主義」可謂瞭解周瘦鵑辦刊思想和文學創作的鑰匙，他自己就直言不諱：「我是一個愛美成癖的人，……我是一個唯美派，是美的信徒。」〔註6〕美好的事物使周瘦鵑對這個世界充滿了熱烈的情感，這眞摯的情感又使得美好的事物更加使人留戀。情感性可謂周瘦鵑採取的一種與世界萬物相對待關係的態度。對自己的雜誌是如此，他把它比作一片繁花盛開的「園地」，比作「柔弱的紫羅蘭」，他就像辛勤誠懇的花匠般耕耘著這片園地，每一期，他總寫上洋洋灑灑千數言的《寫在紫羅蘭前頭》，對讀者採取著一種平等、友愛的態度；對作者，他欣賞備至、寶愛有加，而對每一篇作品的介紹，更是滲透了情感，滲透了閱讀的喜悅和快樂。

這種對於對象的充滿情感的關注，對於「美」的事物的傾心認可，表現了周瘦鵑對自我感性生命體驗的始終忠實和對自我審美立場的信心和堅持，這種個體化的品格與「商品－市場」傳統相結合時，便使《紫羅蘭》呈現出別具一格的優美情味和與眾不同的特色：

一是對年輕女作家的大力提拔和由衷欣賞。《紫羅蘭》是淪陷時期發表女性作品最多的文學雜誌，除張愛玲、施濟美、湯雪華、程育眞、練元秀、湯小珞、俞昭明、鄭家瑗等人的名字頻頻出現外，還有一些名不見經傳的如令玉、王冰持、王紋黛、張麗英、蔡炎炎、陳福慧、薛所正、吳蘋子、戴容等，她們曇花一現的好作品被《紫羅蘭》發現和收藏，在文學史上留下了足蹟。當時還不爲人知的張愛玲，其第一、二篇《沉香屑》是發表在《紫羅蘭》上的。周詳細描繪了閱讀作品時的興奮：「當夜我就在燈下讀起她的《沉香屑》來，一壁讀，一壁擊節，覺得她的風格很像英國名作家 Somerset 和 Manghm 的作品，而又受一些《紅樓夢》的影響，不管別人讀了以爲如何，而我卻是『深喜之』了。……如今我鄭重地發表了這篇《沉香屑》，請讀者共同來欣賞張女士一種特殊情調的作品。」〔註7〕對其他的女作家他亦不吝筆墨加以介紹和推薦，對好的作品，他是發自內心的欣賞、推崇，喜悅雀躍之情，溢於言表。可以說，淪陷上海能夠成爲現代文學史上女性寫作的第二次高峰，與周瘦鵑的欣賞和支持是分不開的。

〔註5〕除《花經》連載於《大眾》外，其餘均見《紫羅蘭》。
〔註6〕周瘦鵑《樂觀・發刊詞》，見 1941 年周瘦鵑主編之《樂觀》雜誌創刊號。
〔註7〕周瘦鵑《寫在紫羅蘭前頭》，1943 年 5 月《紫羅蘭》第 2 期。

二是為「言情小說」提供了新的品質：周瘦鵑本人是一個言情小說大家，他對言情小說也「情有獨鍾」，《紫羅蘭》2 / 3 強的篇幅為言情小說佔據，稱之為「新派言情小說雜誌」是不過分的。但它基本上擺脫了鴛鴦蝴蝶派狹窄的情愛天地和哀怨情調，顯示出較為廣闊的社會視角，尤其是女性意識的強化，使它頗具現代氣質：以施濟美為代表的相當一部分年輕女作家，表現了女性在愛情與事業兩難情形下棄「世俗的愛情」而選擇「人生的事業」的果斷和堅決，她們對愛情對男子持不信任的、遊戲的態度，更樂於將感情寄託於工作和親情、友情，不僅如此，在她們筆下，愛情和婚姻還往往成為女性不幸命運的肇始者。它質疑了五四時視自由戀愛為女性解放途徑的浪漫主義想像，同時卻回答了「娜拉出走後怎麼辦」的問題，那就是投身事業，作一個獨立的、自食其力的職業女性。而以張愛玲為代表的一部分女作家則表現出從情欲的角度探討女性悲劇的傾向，這種從「欲」的角度出發所揭示出的人性深度，在淪陷上海乃至整個現代文學史上都是罕見的。還有不少作品表現在上海這個中國現代化、都市化程度最高的城市裏，愛情在禮教、道德藩籬被沖決後面臨的新的困境，那就是金錢與地位又在影響著人們獲得眞誠的愛情，朱瘦菊《金銀花》、戴容《入贅》，更表現了這樣一種現象，就是貧寒男性為改變自我生存處境而拋棄戀人，與富家女子結合，昔日的男性道德觀已經被金錢徹底改寫，也從中顯示出婦女地位提高所依賴的物質基礎。另一些作品探討戀愛中的心理問題，把這個半新半舊的時代，處於「情與禮」兩難處境中的作為「歷史中間物」的男性心理刻畫得細緻入微。這些都大大提升了言情小說的現代品質。

在這些作品中，我們看不到大膽的色情描寫，也看不到當時一些作品流露出的舊式文人對情感的猥褻態度，和對於男性在舊式男女關係中優越地位的留戀。我們看見的，是正視人的欲望、情感，既不壓抑，也決不放縱；是正視人的生存現狀，不瘋狂，但也決不苟安；是對情愛的嚴肅、珍重，是對自由戀愛婚姻自主的維護，是對一切異化、壓抑愛情這一最基本的人性的社會、心理因素的揭示。而這些都是和周瘦鵑本人的生命體驗密切聯繫的，這在後文中將作詳細的闡釋。

三是由於日偽政府的文化高壓，直言抗戰的作品是被嚴格禁止了，但是《紫羅蘭》卻盡可能地表達了自己對時局的態度，如它的作者，沒有一個漢奸文人；在他被迫參加的「上海雜誌聯合會」會議上，他要求：「現在且不管

『支那』有沒有輕蔑的意義，總之我國是中華民國，那就應當以中華民國相稱。……願支那二字，從此不見於日本的出版物中。」〔註8〕在當時一片建立「新中國」、「大東亞共榮圈」的叫囂聲中和恐怖政策的高壓下，周瘦鵑能夠說出這樣的話，是需要相當的膽識和正氣的。事實上，這種警世的聲音在《紫羅蘭》中時時響起，尤其是它的不少散文，清詞麗句、文采華贍不掩其對時代痛苦和扭曲的難以忍受的、悲憤的呼喊，如《倦旅掠影錄》、《死》、《秋痕抄》、《小城暮色》等文。還有許多作品雖然寫身邊瑣事、感時傷懷，透露出的人間關懷卻飽含著時代風雲。這些，都使得使這份言情爲主的雜誌具有一種出人意料之外的直面現實的沉重、嚴肅，顯示了較強的時代感和正義感。

事實上，周瘦鵑一生的辦刊與創作，都始終忠實於自我的生命體驗和情愛體驗。他對「紫羅蘭」這一名稱的戀戀不捨〔註9〕，乃因爲這是他相戀一生的一位美麗女子的英文名字，再度出版《紫羅蘭》，是「藉此再度奉獻於象徵紫羅蘭的伊人，她是我三十年來靈魂上的監督，三十年前使我力圖上進，三十年後使我不敢墮落。」〔註10〕而在他的長篇詩文連載《愛的供狀》中，年逾五十的他不顧獲得一個「名教罪人」的罪名，終於大膽、熾烈而又深情繾綣地將這一份愛情公諸於眾，他們的相知相識，愛情的發展與挫折，秘密的信物互贈，彼此的深情關懷，難得的同遊同行……大膽細膩的細節刻畫和大量詩詞將這份感情的眞實與美麗表達得淋漓盡致，並直言張恨水的長篇小說《換巢鸞鳳》就是以這一段戀情爲本事。我們可以指責他的情感還太「唯美」，太「乾淨」，沒有那麼多靈與肉的衝突與煎熬，沒有那麼多的「現代」成分，但是這份「唯美」和「乾淨」是周氏自己的選擇，在「情」、「欲」的爭戰中，他選擇了前者，他但願這份情愛永存心中，或許正因爲有信心將這份情愛永久延續，他不願破壞它的美麗和純潔，她是他「一生相守而結縭無期之未婚妻」，這「精神的結合」是他生命的支柱、精神的源泉，因爲在他的心中，自己「碌碌半生，無功無德，只有一段綿延三十二年的戀史，還似乎有一述的價值。」〔註11〕他昇華了、或稱聖化了這份情愛，使「愛」的意志成爲他基

〔註8〕周瘦鵑《寫在紫羅蘭前頭》，1943年8月《紫羅蘭》第5期。

〔註9〕周瘦鵑於三十年代曾出版並主編同名雜誌《紫羅蘭》，此時又創辦「刊中刊」《紫蘭花片》。

〔註10〕周瘦鵑《寫在紫羅蘭前頭（一）》，1943年4月《紫羅蘭》創刊號。

〔註11〕周瘦鵑《寫在紫羅蘭前頭》，《紫羅蘭》第13期；《愛的供狀》，《紫羅蘭》第

本的人生態度，感動了自己也感動了讀者大眾，《愛的供狀》刊出後，讀者的信函雪片般飛來，許多讀者爲之淚爲之頌，深深感謝著這位在黯淡的人間給予他們美好的心靈安慰的作家。〔註 12〕

這位至情至性的作家，通過他孜孜不倦的努力，將文學雜誌這樣一種現代社會文化的產物，和個體自我的生命追求相聯繫，爲人們找到安身立命之所在。這些，都大大提升了通俗文學的品格。與一些現代作家爲了「時代」、「民族國家」而壓抑了個性的可悲事實相比較，這類看不到什麼時代風雲，僅有個人的淺吟低唱的作品反具有更強大的生命力，瓊瑤一類的言情小說、電影在今天的長盛不衰就是一個明顯的例證。

二、陳蝶衣：敬業精神和不斷探索

對於《萬象》這一淪陷上海最著名的雜誌，我們一向強調其第二任主編柯靈。這體現了我們歷來獨尊新文學爲「現代」正統地位的觀念，卻昧於認識典範之外令人眼花繚亂的事實。對於《萬象》，柯靈的貢獻固然功不可沒，但是《萬象》的風格面貌、辦刊方針，欄目編排，特別是它廣受歡迎的讀者基礎〔註 13〕，卻都是在它的第一任主編陳蝶衣手中奠基和完成的。

《萬象》創刊於 1941 年 7 月，上海淪陷是在 1941 年 11 月。淪陷之後的上海，大小刊物幾乎全部停刊，文化界處於前所未有的低迷狀態。此時《萬象》能以「清白」之身而不輟，既表現了主編者的愛國精神，也表現了他靈活的手腕：他在創刊號即稱「我們的編輯方針，……第一，使讀者看到點『言之有物』的東西，故取材上側重於新科學知識的介紹，以及有時間性的各種記述。第二，竭力使內容趨向廣泛化，趣味化，避免單純和沉悶，」並「盡可能的利用攝影與插圖，以爲文字的附麗，這樣，或許可以增加一點閱讀時的興趣。」這種以讀者爲中心的態度是使他獲得讀者支持、得以渡過難關的重要原因；而他對於時局的態度則是以溫和的形式表達的，例如，每期《萬象》都有大量世界其他地區的戰爭通訊報告翻譯，在這些報告中，作者寫事實，寫故事，編者亦不加任何評論和分析，然而讀者翻開雜誌卻能感受到時代氣氛，理解作者的寫作意圖；他又推重一種新的小說形式『故事新編』，將

14 期。

〔註 12〕周瘦鵑《寫在紫羅蘭前頭》，《紫羅蘭》第 15、16、17 期。

〔註 13〕陳蝶衣第 1 年第 11 期《萬象・編輯室》「這實在是太使人興奮的事，本刊的銷數，由五千遞增到二萬，現又突增至三萬五千」。

歷史上的事蹟改寫成今天的故事，有很強的現實諷喻性。《萬象》發行人平襟亞寫得最多，共約 17 部，它含蓄地影射當代社會，既滿足了讀者對時代的關注，領會到作者、編者的用心，又不給當局留下把柄，發生正面衝突，從而保持了自己的生存，可謂「韌的戰鬥」。這兩種方式很快為淪陷上海後起的雜誌倣仿，成為特殊環境中典範的雜誌編輯法和文章寫作法，《萬象》突破一般純文藝雜誌框架、以「綜合」為特徵，以「通俗」相號召，成了當時上海商業文學雜誌的一個著名類型，並受到後期雜誌的紛紛倣仿。

如果說對自我生命體驗的堅持是周瘦鵑的推動力，那麼，明確的「崗位」意識和敬業精神，則是把握陳蝶衣的關鍵，這種意識和精神體現在以下幾個方面：

作為一個編輯，陳蝶衣對自己所負有的文化使命和對讀者的責任有自覺的意識：「我們也知道，在這時候從事於文化工作，實在是吃力不討好的事；但我們願意做人家不願意做的傻事，我們要盡我們的力量打破這沉寂的空氣，為上海文壇保持元氣的一脈。」〔註 14〕面對他人的中傷，他明確宣言「文化的工作畢竟與買賣人的營生不同，即使因意見各殊而有所辯論，亦宜出之以研討的態度，互相攻訐甚至肆意誣衊則未免失卻了文化人的尊嚴。」事實上他歡迎正常的競爭：「這一時期，與本刊同一型的新刊物，突然有風起雲湧之勢，……站在文化界的崗位上說，這是一種好現象。就刊物的本身而言，因此也有了新的比較，由比較而相互競爭，更可以促使內容的改進。」〔註 15〕

他對現代雜誌有著自己的設計：「我理想中的刊物，不是現在《春秋》的面目，至少得象 life 或 cosmolitan 那樣，盡量利用攝影與圖畫，聘請攝影記者與圖畫編輯司設計之責，而編輯則組織一個委員會，延致多方面的人才分別撰寫並徵集所需要的作品。」〔註 16〕「關於內容，本期起實行『圖文並重』，作品均附有攝影、或插圖，更特闢圖畫之頁。——一種刊物的編輯與取材，不應該是拘泥的、定型的，以後我們當從 vary 方面致力。」〔註 17〕而且他「編輯刊物，致力於新人的發掘，楊繡珍、施濟美、程育眞、邢禾麗諸小姐，都曾為我所編的刊物執筆而享譽一時，」此外還有沉寂、石琪、郭朋，也都是

〔註 14〕陳蝶衣《編輯室》，《萬象》第 1 年第 11 期。
〔註 15〕陳蝶衣《編輯室》，《萬象》第 2 年第 6 期。
〔註 16〕陳蝶衣《前置詞》，1943 年 9 月《春秋》第 2 期。
〔註 17〕陳蝶衣《編輯室》，《萬象》第 2 年第 3 期。

先在《萬象》發表作品後才爲人所知的。

陳蝶衣對於小說的創作也有自己成熟的觀念，並不止一次明言自己的觀點：「我認爲，一篇好的短篇小說應具備兩個條件：(1)要有一個生動的故事；(2)一個出乎意料的結果。還有筆調的輕鬆活潑——純熟的寫作技巧。」〔註 18〕「很希望寫作者能夠注意下列最淺近的四點：(1)確立故事的骨幹；(2)避免不必要的冗長描寫；(3)抓取情緒；(4)使一切人物動作、環境、對話『合理化』。」〔註 19〕

從上也可看出，他理想的小說是「通俗小說」，對此他經過了相當的考慮和準備，終於在第 2 年第 3 期《萬象》鄭重宣稱「本刊預備發起一個『通俗文學運動』，先從討論入手，現已徵得丁諦先生的《通俗文學的定義》，胡山源《通俗文學的教育性》，危月燕《從大眾語說到通俗文學》諸篇，此外尚在徵集中。一俟就緒，即當出一專號，以爲宣導。」而他自己則有一篇重要的論文《通俗文學運動》在第 4 期刊出。

陳蝶衣對「通俗文學」的全面闡釋，包含了他當時對整個文學形勢、對新舊文藝的見解，表現出一個文化從業者廣闊的視野與系統的思索——他實際上是想解決現代文學一個大難題，那就是如何讓「新」的意識形態爲廣大的普通群眾所接受，讓這種「新」的東西成爲眞正本土的大眾的東西，他理想的「通俗文學」能夠擔當起這一重任。集中在《萬象》第 4、5 期上刊出的還有丁諦、予且、周楞伽、文宗山、胡山源的文章，對陳的觀點作補充和修正，尤其是胡山源《通俗文學的教育性》稱「我以爲通俗文學與純文藝，並沒什麼分野，……它們同時可以成爲虛僞文學或眞正文藝。」完全消泯了二者間的界限。

現代文學史上的另外幾次通俗文學運動，都是以新文學作家爲主體，著眼於如何利用舊形式和改造通俗文藝的問題，這一次的參與者則絕大部分是通俗文學作家，體現了通俗文學自身的覺醒和自求進步，他們的文學設想正如胡山源所言，已與「純文藝」沒有什麼區別，這是現代文學一次重要的契機，可惜巧婦難爲無米之炊，陳蝶衣無以爲繼，他計劃中的「通俗文學專號」終因缺乏「合於理想的作品」而未能刊出。

陳蝶衣的「通俗文學運動」限於各方條件未得圓滿的結束，《萬象》也於

〔註 18〕陳蝶衣《編輯室》，《萬象》第 1 年第 6 期。
〔註 19〕陳蝶衣《編輯室》，《萬象》第 2 年第 2 期。

1943 年 7 月被柯靈接手，他幾乎沒有停息，8 月即創刊並主編《春秋》。《春秋》依舊實踐著他的辦刊理想：它一直注重畫圖，到後來基本實現每篇小說配插圖二幀，插圖者與作者名字並列排出，內容風格則相映成趣，體現編者對於圖畫的敏感與重視；它配合時令季節，組織文字，使刊物具有一種新鮮的季候感；它刊載了大量記遊類散文，文筆清新、體物狀情細膩生動，饒有情趣，在對自然美的熱烈讚美和沉醉中表現了一種不屈不撓的生命歡樂，在這個時代還具有不忘祖國美好河山的特殊意義。同時，陳蝶衣沒有忘記讀者，他設「春秋信箱」，專爲解答讀者的人生疑難，引導讀者的人生向「健康、幸福」的路上去，表達出正直、理智、務實、但決不保守僵化的現代都市人態度，這一欄目很受歡迎，編者的觀點在今日看起來也還是非常有價值的。

到《春秋》後期，在「物價瘋狂上漲，……除了休刊之外殆無他法」〔註 20〕的時期，在發行人馮寶善的支持下，他不但堅持發行刊物，而且越來越注重吸收遠在千里之外的新文藝作家作品，茅盾、巴金、老舍等人的文章摘句都被他引用以代替自己的《前置詞》，從這些充滿對光明的嚮往和對自由的追求的文句裏獲得力量，使《春秋》成爲淪陷上海一直堅持到抗戰勝利的少數幾種雜誌之一。這些都表現出陳蝶衣對「理想」的雜誌的多方探索與自我責任感的始終如一的敬業態度。

總之，陳蝶衣不拘新舊雅俗，以明確的崗位責任意識和敬業的精神，以濃厚的興趣和極大的的努力探索著「雜誌」的完美形式，呼喚著他心目中理想的作品，保持了一個文化人的良知與尊嚴，他的辦刊理念，他對「通俗文學」的宏大構想，展示了這類文學所曾達到的最高點，對今天的通俗文學、大眾文化仍然具有很好的借鑒意義。

三、包天笑等：以「傳統」質疑現代

如前所述，舊派文人精神上很關鍵的一點是對「傳統」——諸如重義輕利、俠義、犧牲、勇敢、愛國主義等古典精神——的信守。而「傳統」一詞在新文學二十多年來，一直是一個被批判和質疑的對象。然而，在 40 年代淪陷區這一截然不同的語境中，「傳統」卻以古老民族的歷史記憶的緊密連接和對正義、祖國的信念，成爲在異族統治下淪陷區人民的心理支持。就「愛國」

〔註 20〕陳蝶衣《編輯室》，1945 年 7 月，《春秋》第 2 年第 7 期。

而言，這一時期的舊派作家，基本上都堅持了自我清白獨立的立場，本書未曾展開討論的程瞻廬、顧明道等作家，寧肯窮病至死，始終未曾有辱自身氣節。就文學而言，他們更提供了一種對於現代的質疑，一種充滿批判色彩的眼光和視界。

本節討論的幾位作家在民初即以小說創作著稱，新文化運動發生起來的二十多年間，他們不斷吸收新思想、新文化以調整自己的創作。但他們有一個特點是，對這些「新」東西保留了一雙充滿質疑的眼光：這是我們希望的「現代」嗎？這樣的「現代」眞的能保證帶給我們健康、幸福、強大和尊嚴嗎？同時他們也保留了自己對於「現代」的想像，用自己的文字書寫著對於未來人類生活的設計。「傳統」因爲脫離其生長的環境，已經被置換爲一種對理想的永恆追求，顯示了一種產生自中國本土的現代性動力。

強烈的現實批判化爲刻骨的諷刺，是呂伯攸創作的主要傾向。他筆下的上海，是一個物欲橫流、人欲橫流的社會，人的道德和靈魂在金錢和物質的作用下以令人吃驚的速度瓦解，對眼前這個醜惡的世界，作者除了憤慨只有沉痛，終於轉化成一種憤世嫉俗的諷刺。他採用兩種小說形式：一是取材當代，構思巧妙，類似於市民小說，但對唯利是從的市民道德作尖銳的諷刺；一是取材古代的「故事新編」，即以古今雜陳的方式表現其現實批判精神，更顯其嬉笑怒罵的諷刺效果。他的諷刺對象集中在兩個方面，就是推動現代人行動的最重要的兩大動力：金錢欲和情欲，將它們對人性所具有的破壞力量揭示得逼眞和觸目驚心：莊子新娶的嬌妻可以爲了年輕的新歡向丈夫揮起斧頭（《試妻記》），閻惜姣要殺丈夫則是因爲宋江成了窮光蛋（《烏龍院裏的悲喜劇》），成功者不外能利用別人，抓住一切機會以利自己（《生財有道》），有那麼多人爲打自己的小算盤，不顧喪盡天良（《輸》），而處於下層的良善之輩卻逃不了被損害和蹂躪的不堪命運（《救濟金》《藤黃》）。他筆下的人物都好像是金錢和情欲的玩偶，被這根看不見的線牽動著，上演了一幕幕醜態畢露的戲劇。出於內心的憎惡，他往往爲這些不擇手段去攫奪和佔有的人安排了毀滅之途，透露出一種「時日曷喪，吾與汝偕亡」的決絕態度，但同時也簡單化了揭示現實的深度，而過多的巧合、太富於戲劇性和類似於漫畫的表現手法則在一定程度上損害了作品的現實批判精神。最重要的是，這種現實批判與其說是作家主觀精神的產物，不如說是以一種傳統道德倫理觀念對當代生活的批判，它並不是作家自己的精神產物，因而其現實批判所含蘊的主觀能量也就要大打折扣。

相比之下平襟亞要溫和得多，作爲《萬象》的發行人和編務，平襟亞以「秋翁」筆名、以「故事新編」爲總題名，創作了一大批影射40年代中國社會的各個方面的歷史作品，《張巡殺妾饗將士》，把張巡當年堅守睢陽拒不投降的事蹟編成了當代的故事，不難見其現實諷喻的意圖；《孔夫子的苦悶》寫孔夫子因爲學生在物價飛漲的年代無力繳納學費、聽他宣講道義而苦悶，明顯影射淪陷區經濟秩序崩潰的現狀和虛僞道義宣傳的倍受冷落；《潘金蓮的出走》寫潘金蓮爲貪圖榮華富貴而叛離丈夫，投靠西門慶，結果事與願違，落得個被新主利用和賤待的後果，明顯諷刺汪僞漢奸之流；等等。巧妙的構思和辛辣的諷刺，使這些作品顯示出強烈的現實戰鬥意義。以「網珠生」爲筆名的一些小說，則含蓄簡潔，具有古代筆記小說的風韻。《萬象》上的《窗簾》一文，即以散文的筆調，在短短數千言裏濃縮了一部小說的內容，將筆記小說的簡潔傳神和新式小說的主觀抒情意味結合得非常完美：它描繪「我」在一家公寓的生活，首先表現了一種在平凡生活中發現不凡意趣的優雅和怡然——窗前曬滿的衣衫竟被他看作了美麗的「窗簾」，而它最突出的特點，則在於沒有具體的敘述事實，而是創造了一系列姿態各異的「窗簾」意象，以此直觀地訴諸讀者的心靈；可以說，通過「我」微妙的細節觀察，細膩多情的感慨，小小的窗簾彷彿濃縮了整個上海現實的浮華與墮落，充滿了這個世界的悲歡變幻。

眞正的高潮、也使這作品終於成爲小說的地方在於「窗簾」還講述了一個哀怨動人的愛情故事：一件寫著「滌」的「大學教授穿的白襯衫」，因爲總是和一件寫著「曼」的「蘋果綠的女人睡衣晾在一起」，使我對他們產生了浪漫的戀想，久之，我當他們爲知己、爲好友，感激「他們倆不時來慰我精神上的枯寂」。然而，人事變幻的浪潮卻是連這兩件小小的衣服也不放過的，終於有一天，「一襲寬博得像大腹賈穿的藍紡綢長衫，竟然代替了那一件「滌」的白襯衫的地位，與『曼』的綠睡衣晾在一起了。」而那件「滌」的襯衫，只好「孤零零地飄在」、「秋的清風」裏了！

最後是以「我」離開時發現「曼」贈與「滌」的一束花圈結局。在這個悲愴的愛情故事背後，隱藏了一個呂伯攸式的人情世態畫圖：金錢最終戰勝了愛情，無錢無勢的人格清高注定了毀滅的命運。然而這個作品更有意思的還在於，它寄予著作者本人的強烈情感，所有的一切都是在作者的多情聯想下才變得立體和生動起來的，這樣，作者就創造了一個滲透了自我對世界的獨特視角和獨特理解的意象，這個「窗簾」也因之成爲現代文學史上獨一無二的審美存在。而「滌」的遭遇不過是一面鏡子，清楚地照出了包括「我」在內的讀書人的共同命運，這使得一種充滿時代氣息的感傷氛圍籠罩全文。與呂伯攸不同的是平襟亞借助於種種巧妙的技術——尤其是「窗簾」意象的應用，把它壓抑到一種含蓄的境界、不讓強烈的批判憤慨破壞了作品整體的詩意和從容，這很容易讓我們想起古典詩歌，尤其在宋詞裏，那些憑籍大量靜態意象的鋪陳而隱晦傳達出的千愁萬緒；將都市這種種複雜、多層次的現實狀況，以如此具有飽滿又如此緊湊、充滿美感的意象來表達，實在是平襟亞一大貢獻。

徐卓呆一直擅長滑稽小說，《萬象》連載的《李阿毛外傳》，寓世態諷刺、揭示、幽默、機智於一體，集中展示了這一特長。但此時他已經不局限於僅僅依靠編製笑料來迎合世俗，而是能從普普通通的日常生活中發現可笑的因素。它已超越了諷刺、譴責小說的美學境界，而帶有若干黑色幽默氣息。「李阿毛」的種種生財之道，讀來讓人又好笑又心酸，它表現的是，「在民不聊生的重軛下，作者所寫的是超常規的求生之道。鐵蹄下的市民們似乎已經無法用自己的勤勞賴以維持生計，作者只能用馬浪蕩的狡智來博取人們的苦笑。這些笑料並非教唆人們去實行騙術，因此在誇張中加入了濃重的荒誕成分，……但他畢竟源於生活，忠於寫實。」〔註21〕例如《請走後門出去》，李阿毛讓兩位失業朋友分別在前後門各開一個理髮店和生發藥店，顧客進門後卻讓他們「請從後門出去」，結果街上的人見到頭髮蓬亂的人進了理髮店，出來便一頭光亮，而因禿頂走進生發藥店的人，出來便一頭光亮，於是兩店生意興隆，這已經不是一般的逗笑，而是頗有卓別林風格的匠心獨運，從作者的藝術誇張中分明能感受到經濟蕭條已經把普通市民壓迫到何種地步。整個《李阿毛外傳》就是一幅上海下層市民在貧困線上的掙扎圖，全篇回蕩著一個聲音：「我要吃飯」！對現實人生的逼視，對個人生存的深切關懷，提升了滑稽小說的現代品質，也使讀者產生情感的共鳴。

這種藝術上的進步，是和徐卓呆對多種小說樣式寫作的嘗試相關的：此期他寫有紀實類的《絕對安靜五日記》，旨在揭示戀愛心理且富有反封建意識的日記體《紙短情長》，融科幻與偵探小說於一身的《火星旅行》，以及取材

〔註21〕孔慶東《超越雅俗》，北京大學出版社，1998年8月第1版，第162頁。

現實、構思巧妙且滿照著人性的善美之光的《海棠杯》《溫習》等篇。後期徐卓呆更幾乎拋棄了滑稽小說的寫作，而專從事日本短篇小說的翻譯，最多的是菊池寬那些即小見大、頗有情味的作品，以老道流利的譯筆顯示了一種對身邊瑣事特別關切的情感體驗方式和表達方式。

如果說呂、平、徐以社會的審視和批判見長，那麼，包天笑則努力於塑造理想人物，想像未來社會，表現出一種「前瞻」的心態。年近古稀的包天笑在此時以勤奮的創作和樂觀剛朗的精神引人注目，其中最有意思的可能是他以一種浪漫的、反現代的方式表現的現代嚮往。

在包天笑看來，現代文明無非是一種物質文明，它便利了人的肉體卻索取人們精神和靈魂的自由爲代價，因此他留戀田園生活、嚮往中古風。連載於《萬歲》的《復古村》，是一個「桃花源」式的烏托邦。他以一個對現代都市上海感到厭倦的人的奇遇來展開故事，描畫了一個保留著醇樸厚道的民風、拒用各種洋貨的小村莊，對他們寧靜優雅的生活表現出羨慕與嚮往。作品借村人之口，表達了他們對「現代文明」的厭棄：「中國是受了物質文明之害了。各種外來的東西，便當是便當極了，舒服也舒服透了，誰不想用？但是你一用慣了，便似鴉片煙上了癮般的，非用它不可。到了一旦有事，你就吃了他的苦頭，受了文明的苦痛了。」所以他們保留著農耕時代的一切特徵，他們與《桃花源》不同的是他們並不是不知道，而是知道了之後的選擇：「爲什麼要開倒車呢？就是前途有了阻礙，你不能打開這條路出來，掃除障礙，除了打倒車，還有何法。」他認爲當代中國的問題是「所得新的基礎既不固，舊的卻已經蕩盡了」，這是個一針見血的評價，然而「守舊」、「打倒車」只能是一個空想，一種美好的烏托邦，與時代的發展是背道而馳的。

蔑視世俗標準，嚮往浪漫愛，是包天笑作品浪漫主義的第二種表現形式。有趣的是，他常常採取一種反浪漫愛的形式表現骨子裏的浪漫精神。例如《四極先生》，描寫一個美貌女子追求心中的愛情，屢屢遭受慘痛的經歷，她最後的選擇是一個「窮極、丑極、老極……」的「四極」先生，然而他們相知相愛，因爲「知己就能互相愛重，互相原諒，愛情出發於知己，那是愛情最堅固的基礎了吧！」是對「郎才女貌、天設地造」的才子佳人浪漫小說的一次反駁。《肉體的債權人》則描寫一夫多妻情形下的愛情，表現了愛情那種不拘形式、亦莊亦諧的存在力量和人們對愛情的生生不滅的永恆嚮往，也可說是對當時已被普遍認可的一夫一妻才是合理的文明愛情方式的一個反駁。他還用白話文重寫民初著名作品《一縷麻》，這個作品借「守寡」這一宣揚封建烈女貞婦的故事框架，表現的卻是一種深刻的浪漫精神和人道主義，就像《巴黎聖母院》裏愛思梅哈達與敲鐘人卡西莫多的愛情，美的象徵者與美的虔誠守護者，各用自己的生命奏響一曲深情雋永的愛之歌。生命超越了外在於它的一切諸如相貌、才華、能力等等形式，顯示出它的神聖與偉大，對生命本體的憬悟與認識：尊重生命，因爲「人」或有高低貴賤，生命卻永遠平等，殆在於此？這比較一般拋棄舊婚姻者，或許不夠堅決，但其意識卻未必較之「落後」。

以離奇的想像、扣人心弦的故事，塑造一些理想人物形象，是包天笑浪漫精神的第三種體現。《妹妹與弟弟》《海燕》等作品裏那些勇敢、正直、堅強、敢愛敢恨，而且個個有一身本事的奇女子，將何等傲視時下一般上海女子的時髦、虛榮、軟弱！《一舞女》寫民初事，塑造的青年革命者和舞女，俠骨柔腸，浪漫而堅定，明朗而貞直，是合於理想的「男人」、「女人」形象，這些可愛的人物就像火一樣照亮了現實生活令人窒息的黯淡與沉重，卑劣與猥瑣，呈給我們一曲盪氣迴腸的詩章。

《藍田種玉記》《大好頭顱》《民國 42 年兒童日記》等作品，表現了包天笑對未來社會的探索熱情和言說興趣。前者探討了科學與人倫的關係問題：小說中的女主人公「她是達者，她並不戀戀於兒女私情，可是她要自由，而且也要享用。」她不願受婚姻的約束，但是卻想擁有做母親的感受——要一個屬於自己的孩子。「人工授精」恰好能滿足這雙方面的要求，她選擇了這個方式，但是身體的奇妙變化引起了心理上的改變，孩子需要父親，她也感到一個愛人的必須了。幾番周折，她終於找到了那個提供精子給她的人，結成夫妻，作者借她之口感歎：「科學再有萬能，怎及上帝創造之功？我們何以思不及此，徒尋煩惱呢？」作者詼諧婉轉地表達了這個觀點，物質文明的局限，殆在於此？後者以「兒童日記」的形式，談及文化、教育、家庭、女性諸社會問題，較全面表現了包天笑對一個合於理想的新世界的想像，也傳達出一代中國作家對「現代」的躍躍欲試的嘗試欲望。

包天笑還創作了大量回憶性作品，《六十年來妝服志》《飲食志》《我與雜誌界》，以七旬老翁經歷之滄桑世事娓娓道來，有「閒坐話玄宗」的風味；《秋星閣筆記》，涉及晚清、民國初文壇、政界諸人事記憶，亦是從細處落筆，別具情致。長篇小說連載《拈花記》，寫清末民初事，一群亦新亦舊的文人，他們辦報、讀詩、遊園、狎妓，寓時代風雲於個人私情之中，所寫之事似都有現實生活藍本。在那個動盪變幻的時代，這樣一群個性獨異的人，同樣體現出十足的浪漫風味。事實上包天笑的作品裏已經隱隱透露出金庸武俠小說的情調，當先鋒的現代作家因爲對個人和時代社會的逼視而使文學越來越不具備安慰人心的功能時，這些作品則以其古典的浪漫情懷，使人們塵慮頓消，而享受片刻的精神放鬆和愉悅，可以說，浪漫精神基本上只存在於通俗文學、大眾文學，是當今不論中外文學一個共同性的傾向，這也是通俗文學、大眾文學一個重要的賣點和獨特之處。

此期在價值取向上稍微顯出不同的是秦瘦鷗。秦在此期出版有長篇小說《秋海棠》，並有短篇集《二舅》，但其初次發表基本上都在孤島時期〔註 22〕。所以這裡不作爲重點描述的對象。應該說，他的出現，顯示了舊派作家的裂變和突破：這就是他雖仍然肯定傳統倫理價值、精神品格，但他更注意個人的現實幸福、愛情婚姻的美滿，其面對人生的態度是更切實和世俗化的，他的作品多以傳統人格負擔者的悲劇性結局，表現了一種對「傳統」的懷疑和不安的心態；而從金錢、物質等側面來看取個人的現實生存眞相，也昭示了一種新的價值倫理，顯示了通俗文學向嚴肅文學的靠近，這一點將落實在「新市民作家」上。

〔註 22〕秦瘦鷗的《秋海棠》最初是在 1941 年《申報》連載，故陳青生稱之爲「孤島上海社會反響最大的通俗文學作品」（《抗戰時期的上海文學》，第 99 頁），而《二舅》中的作品，也大多發表於孤島時期的《樂觀》等雜誌。

第二章　個體偶在的欲望敘事和失去中心的市場熱點——新市民作家（上）

舊派作家善於編刊，善於把握讀書市場，不過一個有趣的現象就是，他們所編輯的刊物一般只在開始幾期較多舊派作家，很快就被一批新人佔據，其中最引人注目的就是「新市民作家」:《大眾》奉予且、丁諦爲招牌；《紫羅蘭》以年輕女作家引人注目，《小說月報》、《春秋》情況亦很相似，《萬象》兼而有之成爲新市民作家的彙集之地，即使在後期被柯靈所改造，新市民作家仍然是其重要的作家構成。而在此期新書出版極少的出版界，新市民作家的作品選集、選編，亦佔據最重要的位置，可以說，不論是作者隊伍的龐大，還是作品數量的驚人，他們都當之無愧地成爲最重要的作家群落，並構成了淪陷上海文學「商品－市場」傳統的真正內核。

認爲「新市民作家」是海派文學在 40 年代的發展，已是一個共識〔註 1〕。而海派文學本身「迎合讀書市場，是現代商業文化的產物」〔註 2〕，在以商品－市場傳統爲主導的 40 年代，自然獲得其最佳的發展機會，因而吳福輝屢次驚歎:「40 年代的海派因禍得福了！抗戰軍興，作家們風流雲散，在淪陷區，卻爲了階級鬥爭的相對減弱，商業文化更形凸出，海派文學反有了長足發展、

〔註 1〕如吳福輝《都市漩流中的海派小說》（湖南教育出版社，1995 年）與許道明《海派文學論》（復旦大學出版社，1999 年），都明確地將新市民作家納入其研究範圍。

〔註 2〕吳福輝《都市漩流中的海派小說》，第 3 頁。

繼續延伸的歷史性機會。」〔註3〕「在40年代的淪陷區，政治控制的弱化與商業的強化，把海派推向高潮。」〔註4〕

舊派作家古典主義的道德人生取向，固然能使讀者得到某種鼓舞和安慰；但是在「遠東第一大都會」的上海，傳統的一切終究只是一個漸行漸遠的「美麗而蒼涼的手勢」；整體的普遍的倫理體系已經破裂，它最後的輝煌只加重了現代人被拋棄的荒涼，面對現實生命的漫漫長夜，市民讀者最關心的終於還是脆弱個體的生存苦悶、情感挫傷、性的壓抑，以及心靈深處的癲狂與悸動。他們需要小說，因爲「在沒有最高道德法官的生存處境，小說圍繞某個個人的生命經歷的呢喃與人生悖論中的模糊性和相對性廝守在一起，陪伴和支撐每一個在自己身上撞見悖論的個人捱過被撕裂的人生傷痛時刻」〔註5〕。於是在30年代頗具先鋒意識的海派文學，此時終於和關注個體現實生存和實際利益的市民個人主義緊密結合，作家們的眼光，由舞廳、酒吧等娛樂場所，轉向於無聲處聽驚雷的市民日常生活，他們筆下的人物，也由歐風美雨沐浴下新人類的眩惑外表，轉向半新半舊、亦新亦舊的市民個人深處湧動的生命潛流，看來是俗化與後轉，其實是逼近了市民人生的本相，逼近了現代人曖昧的道德和功利主義的人生。因此直面市民個體欲望的予且蘇青，在此時方始名噪一時；而周楞伽、譚正璧等，則在此時發生寫作重心的位移；其他年輕作家，亦或多或少地體現出這一傾向。

「新市民作家」是今天研究者對他們的一個稱呼，在當時他們並沒有結成這樣一個具有流派性質的團體，而是分散的，各有其背景和身份，也各有其不同的傾向：本章討論的予且蘇青以及周天籟，他們的作品最好地表現了這個時代曖昧不明的狀態：舊的正在破壞，新的尚未建立，人們只能抓住一些最基本的東西來確定自己——那就是欲望，生存的焦慮和貪婪轉化爲情欲和物欲，當欲望與生命本體的意義緊緊擁抱在一起時，即產生了美學上的魅力；而當他們以充滿現代理性精神的寬容、理解的態度，試圖對欲望的混亂、非理性進行敘述和分析時，便預示了一種新的倫理，使這些在「傳統」中找不到價值依存的新的概念和現象，獲得一種更開闊、更眞切的觀照。應該說，是他們代表了海派最核心的含義。

〔註3〕吳福輝《都市漩流中的海派小說》，第82頁。
〔註4〕吳福輝《都市漩流中的海派小說》，第23頁。
〔註5〕劉小楓《沉重的肉身》，上海人民出版社，1999年。

蘇青《結婚十年》以一個已婚女子潑辣而滄桑的口吻，使女人生存世界的種種隱私第一次浮出水面；周天籟的《亭子間嫂嫂》，以一個文人愛戀和窺視兼而有之的眼光，描述出一個妓女的喜怒哀樂和以她爲標誌的那個欲望化空間；而予且的市民「百記」以及他大量的作品，不厭其煩地探討性與愛、物質與生存的種種瑣細微妙，並表現出爲市民的欲望化生存提供理性指導的熱情。注重「故事」的營造，講究情節的離奇，但多采用白描的筆法，而對表現手法等純藝術範疇的東西較少關心；他們以無傷大雅的「出格」和「犯規」，製造適度的輕刺激，滿足了市民最迫切的閱讀願望，這使他們迅速成爲這個文化中心失落後的市場熱點，他們的作品的大量問世和一版再版，反映了都市市民面對「現代化」的環境所產生的心理需要：不再需要一個專制的神或強權來爲他們制定規範、解決問題，而只需要文字來理解、呵護現代秩序中脆弱的個人。

一、予且：高產的市民人情物理速寫者

原名潘序祖的予且在 20 年代末便開始寫作，到 30 年代，雖然他依舊在光華大學任職，從他寫作產量看去，儼然已是一位專業作家了，但他的黃金時代卻是在淪陷時期。予且稱得上淪陷上海最高產也是最活躍的作家之一：他是淪陷時期最著名的市民文學雜誌《大眾》的招牌性作家，32 期《大眾》，期期都以予且的小說爲頭條；他的長篇連載，幾乎貫穿《萬象》的「陳蝶衣時代」：《金鳳影》剛告結束，《乳娘曲》又即開始，其間還間有短篇，隨筆小品；他在出版業凋敝的淪陷時期，卻出版了三個小說集、兩個散文集，可謂豐盛；在雜誌社的幾個小說選集中亦佔據最顯赫的位置。予且的活躍也是有目共睹，有日僞背景的雜誌《風雨談》《文友》《文協》《古今》等，予且亦「不吝賜稿」，這也罷了，生逢亂世，不必對作家太過苛求，眞正令予且蒙恥的則是他的《予且短篇小說集》在第三次大東亞文學家大會上獲獎，予且欣然前往，安心領獎，但是翻開這部集子，卻也是地道的市民文學，無非家庭生活，世態炎涼，跟「政治」、「大東亞」沾不上邊。他個人也是賣文爲生，跟日僞政權不搭界。予且就是這樣一個現象，或曰存在，「市民個人主義作家」，大概是對他較爲恰當的稱呼。

對予且的論述也有不少了。對他的稱呼一般有「海派」、「市民作家」、「通俗文學作家」等，對他亦新亦舊等特點也多有人指出。大致說來，他的短篇

小說更善於吸收新文藝創作的特點，長篇則更多舊派特徵。所以錢理群等主編的《中國淪陷區文學大系》，將他的長篇《淺水姑娘》歸入「通俗小說卷」，而他的幾個短篇則歸入「新文藝小說卷」，乍一看來有點奇怪，細分來倒也只能如此。就我看來，眞正體現予且功力的不是長篇而是短篇，長篇創作所需要的綿密構思、龐大的人物和情節構架，不是那麼適於予且的個性氣質——典型的上海市民氣，生活最好簡化到無可再簡；趣味主義的創作態度，一切興起而作，興盡則止；帶點名士氣、書生氣的瀟灑，也不屑於在「技術」或「深度」上下太多功夫；而雜誌作家的身份，爲方便讀者每期閱讀，也最好能將字數控制在一定數量以內。這些都決定了最適合予且的表現方式，是精練的短篇，而且是「速寫」。至於他以餘興寫作大量隨筆小品，專好在瑣事上談出一番人生的智慧，都更體現了他對現實生存的認知興趣。

予且作品的內容，幾乎集中於都市中小階層的男女婚戀情態和家庭日常生活情趣。一切從個人的現實生存出發，他關心的是，在這個世界上，是哪些因素影響或曰支持我們的生活發生並繼續？對「理想」、「信念」等一切價値層面的「虛」的概念，予且迴避得不落痕蹟，他關心的是這個現實的生存世界，他看見的也是在這一層面掙扎和努力著的「人」。從某種意義上說，予且的小說裏沒有人物，他的貫穿始終的主人公，一個是「物質」，一個是「理性」，他少寫戀愛而致力於婚姻家庭，因爲婚姻家庭更好地演繹了生存壓迫下，「物質」的重要和「理性」的必需！「浪漫婚戀如何明明白白淪爲一種生存手段，從經濟的一面來解剖『言情』，是予且提高此類小說現代品質最鮮明之處。」〔註6〕他刻畫最力的也是一些女性，她們是理性的，深諳這個物質社會的生存法則，甚至她們本身就成爲一種「物質」的「存在」，於是女性的「解放」本身，又常常伴隨著更深的陷入與墮落。揭示女性陷入將自身物化、以墮落爲代價換來自身的獨立的這樣一個「解放」怪圈，是予且筆下的女性世界深沉之處。

亂世人命不値錢。可也正因爲是亂世，嚴峻的生存現實使人們不得不去除一切浮文，更眞切地認識生活本身。予且作品注重個人的生存，而在這個物質社會裏，支持「生存」的，只有「金錢」。不過我覺得予且以「物質」取代赤裸裸的「金錢」，卻是不同凡響的，否則予且就不過是在重複西方 19 世紀大批反映資本主義金錢社會的現實主義作品，應該說，予且對「物質」的

〔註 6〕錢理群等《中國現代文學三十年》，北京大學出版社，1998 年。

肯定態度，恰恰是補了現代文學的一個空缺——當然，予且是淺嘗輒止的，但就是這「淺嘗」已有其不容忽視之價值存在。

馬克思·韋伯談過：「在儒家學說之中存在著許多鄙視物質利益的思想成分，這就使得人們在實際的社會活動中無法形成統一的合理的經濟倫理觀。在這樣一種思想的支配下，所有的物質追求都會被視爲與道德規範相違背的，人們物質欲望很難得到合理的滿足。人們在追求合理的物質利益的時候往往會採取暴力和欺詐等等極不道德的手段。」〔註 7〕可以說，「重義輕利」的價值觀，和人的物質性存在本身的悖逆，造成一種道德上的虛僞，妨礙著中國人形成健康坦率的人格。而予且則以一種理性的態度，肯定人的物質欲望的合理性，具有積極的意義。

在他酷愛的人情世態作品裏，「物質」成了一種衡量標準，從物質的角度，來看取人的眞實存在狀態，來鑒定所謂「情感」的眞僞，是予且新鮮獨到之處。小說《趙老太》開篇就說：「認得趙老太的，誰不說老太是個有福的人。……她確是一個有福的人，至少在中國社會一般人的眼光中是這樣的看著。她有三個兒子，十四個孫子。」但是隨著「我」這個外來者的的目光所及，我們看見的是老太的破爛的住房，陳舊、骯髒的衣服。最傳神的是「吃飯」一節：兒子一家，吃飯不要和老太一起吃，在「我」的要求下勉強同意，飯桌上的一幕，老太怎樣被排斥於滿桌美酒佳肴，只配享有一碗沒有熱氣的粥，老太可憐的一點物質欲望被描寫得如此專注、強烈，由此反襯她地位的難堪，眞正是寄沉痛於平淡的好文字，而老太「有福」的神話籍此也被徹底揭穿。

《試衣記》裏，富有的姨媽給孩子帶來了渴望的禮物，孩子滿心歡喜，但是姨媽對這份禮物的粗暴態度，卻顯示了她的缺乏愛心和驕橫；被糟蹋的禮物，象徵著孩子被踐踏的心靈，微細處見深意，實在是絲絲入扣。可以說，從一飯一衣，關注人的生存和心靈狀態，將「物質」的聲光色影帶入作品，使平面的世態人情變得生動立體，是予且對「市民通俗小說」的貢獻。

在其他一些作品裏，予且致力於「物質」對情感和家庭生活的推動作用，表現人的精神志趣與現代物質文明的繁榮之間的某種聯繫，具有更強的現代都市意味。而總的來說，都表現出對「物質」的重要和個人物質欲望合理性

〔註 7〕王威海編著《韋伯：擺脱現代社會兩難處境》，第 120 頁，《作爲正統宗教的儒教》，遼海出版社，1999 年。

的肯定態度。

如此專注於人對「物質」的愛好和欲求，顯示了予且對「日常生活永久人性」〔註 8〕的重視。予且探討個人的「日常生活」必不可少的「人性」，其結果是對人的「理性」予以充分的肯定。這個理性具有明顯的工具性，因爲它是達到目的——生存——的最好手段，正如他在《乳娘曲》裏借人物之口所表達的：「我們現在沒有功夫再談什麼戀愛，三角、五角的戀愛了！我們只有認識正當的道路，循著正當的道路向前走。正常的道路是好走的。」他表現了小市民「理性態度」的本質：對他們而言，遵守既定道德不是出於什麼別的原因，而在於它是最簡捷的手段。其潛臺詞也就是，只要有更簡捷的手段，那麼拋棄既定道德也就是最正常不過的了。這正是予且自己明確表達過的：

> 我們是人，人是被稱爲萬物之靈的。這被稱爲萬物之靈的人，是可以有崇高的倫理思想的。但有時爲了吃一碗飯、愛一個人，什麼都會做出來，想出來。
>
> 有時因爲物質上的需要，我們無暇顧及我們的靈魂了。而靈魂卻又忘不了我們，它輕輕的向我們說，就墮落一點吧！〔註 9〕

這種理性的態度完全支配了予且對戀愛的看法：

> 我以爲能談戀愛的人，該在四十歲以上，這時有幾件東西可以幫他的忙：一是地位，二是金錢，三是物質環境，四是他本身的經驗。其中環境最重要，金錢次之。……有時我感到戀愛簡直是一種病態。〔註 10〕
>
> 我們應該像孩子，抓住了實的再送她一個空洞的名詞，……可是世上專門抓住一個空洞名詞而生煩悶的——愛——眞是太多了。〔註 11〕

當生存成爲戀愛的唯一合理的目的時，爲戀愛而戀愛，當然「是一種病態」了，因爲他只看見人的欲望而沒有激情，而在這種理性眼光的注視下，連欲望本身都變得循規蹈矩，有章可循，他筆下的人物決不會爲欲望所支配，去

〔註 8〕《大眾》發刊詞，以「表現日常生活永久人性」爲號召，作爲它的招牌作家，予且很好地做到了這一點。

〔註 9〕予且《我怎樣寫七女書》。

〔註 10〕予且《我的戀愛觀》，《天地》第 4 期。

〔註 11〕予且《窺月記》，載《文潮》創刊號。

做出危害自我現實存在的事情；而他文中的女性與其說是有情欲的，不如說是生存欲，「情欲」往往不過是女性獲取生存的手段，即使在稍微特出一點的幾個作品裏也是如此：《過彩貞》要一個男人陪伴自己，只是要一個男人「在場」，以排遣日常生活的不便與寂寞；《郭雪香》呢，是為了孩子，這毋寧說是一種母性。在他那篇風格殊異的《藏紅記》裏，一個年輕時風流瀟灑但現在已失去性能力的老人，收養了一個美貌絕倫的女子，把她養在深深的宅院中，她沒有任何事情，也無法同外界接觸，她唯一的工作是按照老人的意志打扮自己，被老人欣賞和玩弄，以滿足他無可遏制的色欲。這篇具有特殊豔美和罪惡氣氛的作品，很容易讓人想起川端康成的《睡美人》，那也是描寫性欲衰退後的老年男性的色欲的深刻之作，不同之處在，本篇無意於探討老人的病態色欲，其主題在揭示這種生活對女子身心的蹂躪和摧殘——在老人的藏養下，這個女子已成為一種「怪物」，她除了被欣賞被玩弄，已沒有任何謀生的技能，已無法以社會生活的主體的身份存在。這種態度自然是更「健康」和明朗的，但是卻減少了人性揭露的深度。

非理性情感的消失，大概是所有市民小說的特色。在予且筆下，愛情與其說是由情推動，不如說是由欲推動的——包括物欲和情欲，他的很多戀愛小說徑直以「物」命名：《燈與桌》《傘》《照相》等等，與其說他熱衷於戀愛的描寫，不如說他更注意現代物質文明如何引發戀愛的發生。也因此，予且筆下的愛情都具有強烈的物質性和現實性，因為對於予且的工具理性態度，認清「現實是什麼」而非去思索「現實應該是什麼」，才是正當的態度。

不過這種將功利目的視為唯一目的的工具理性行為，必然會導致對人們內心情感和精神價值的漠視，予且應該是意識到了這一點並做出補償，這個補償就是「神秘文化」。他對算命星相有濃厚的興趣，在《古今》上有一連串相關文章，幾乎引發《古今》一股算命熱，後來由編者聲明不再刊發此類文章才算平息下去。這種神秘文化的愛好，說明予且已經察覺到這種「理性」態度引發的個人精神失落。所以在不少作品裏，他一再談到「靈魂」。那麼，「靈魂」和現實生存的位置，予且是怎麼擺的呢？我覺得《碧雲天外》是一個絕好的象徵：

小說是寫一個極醜陋的女子，卻有一副極美好的歌喉，她參加了合唱團，理應由她充當領唱，但是她的臉龐實在是太醜了，人們想出了解決的辦法：

> 這個問題的解決很簡單，就是我們又要顧到看，又要顧到聽。看是逃不了人的眼睛的，聽卻可以混過人的耳鼓。我們仍叫段綺霞小姐站在最高峰，在她身後設一個天幕，讓會唱的她站在幕後來唱。這個演雙簧的辦法就可以渡過這個難關！

如果貌醜而歌喉美的「她」象徵「靈魂」的話，貌美而歌喉一般的「段綺霞」正可以象徵「現實」。予且始終是將主要的注意力，集中在「現實」上，「靈魂」僅僅是一個在場，它爲作品提供了某種「寓意」，某種哲理性，或者說就是一種「迷霧」，他的小說常常給人一種寓意深刻的感覺，我們的很多「思想」都可以從中引發出來：如《過彩貞》對市民生存文化壓力的展示，《壽百朋》對「道德」二重性的質疑，……可以說，這正是予且高於「本埠新聞」型的小報作者的地方：在「碧雲天外」，他已經意識到有一個他無法明朗化的東西存在，他對它不置一詞，但是他承認並尊重它的存在。

應該說，這倒不是什麼新鮮的東西，而是傳統中國人最熟悉的思維方式：不去苦苦追問「意義」和深度，只要事實、細節和現象，一思至此便懸崖勒馬地停止。我們得承認這種「懸擱」在美學上的意義，同時也應看到，這種思維方式加劇了市民理性的危機：那就是它缺乏一種作爲內在支撐的東西，它沒有信念、理想，沒有肯定和否定，沒有絕對只有相對，因而是漂浮、曖昧和不確定的。因此予且能不厭其煩地羅列家庭生活瑣事，給我們種種輕度的刺激和種種感念，甚至能使我們若有所思，卻再不能向前一步，發掘這現象下面屬於「價值」和判斷的東西；他能以文質彬彬的白話、輕倩流利的筆致勾勒出一個個人物的輪廓，卻不願多寫一句話將它們凸現出來，這也是予且的寫作態度所決定的，他根本就無意於去建立一個屬於自我個人的藝術世界：

> 人生出來只有哭、笑、睡覺，更無所謂莊嚴，……我們的文章也要用笑臉寫出來，方才有趣味，趣味便是文章的靈魂。〔註12〕

但予且作爲市民作家的魅力也正在於此，他無言的留白，相對寬容的心態，爲這個價值混亂的時代提供了一種新的觀察角度和眼光，在這溫和的目光之下，舊上海市民家庭的小悲小歡，男女情愛的小恩小怨，包括那些含笑寫出的心靈哀慟、人生委屈，以其「事實的金石之聲」，留下了他們在文學上的眞實畫面。

〔註12〕予且《說寫作》，中華書局，1936年版。

二、蘇青:市民本位的女性主義者

蘇青在30年代便開始寫稿,曾「以寫人生瑣事爲林語堂氏所激賞」〔註13〕。孤島時期,她的作品多以本名「馮和儀」發表於《宇宙風(乙刊)》等報刊,因數量不多,且內容仍以寫人生瑣事爲主,與當時濃厚的抗戰愛國氣氛有差距,沒有產生什麼社會影響。而淪陷後短短三年內,她即出版長篇小說《結婚十年》,小說集《女像陳列所》,散文集《浣錦集》《濤》《飲食男女》和散文小說集《逝水集》,名氣之大,直逼同期的張愛玲;她還創辦並主編散文半月刊《天地》,成爲此時最爲活躍的作家之一。

半個多世紀以來,蘇青一直爲人詬病:一是她的作品直言不諱地描寫了女性生理狀態和要求,並多有對女性性心理的直接刻畫,以致當時便被稱爲「色情作品」〔註14〕,幾十年後仍有學者稱之爲「性販子」〔註15〕,這一點在今天看來,蘇青的文字沒有不健康的成分,倒是彌補了現代女性文學的這一空白,是大可以洗脫這一罪名的;二是她與陳公博、周佛海等人過從甚密,她辦《天地》,獲得了他們的大力支持,她對他們亦頗多讚美,故而被目爲「大東亞文壇健將」,不過平心而論,蘇青和他們的關係,更多屬於個人私交:淪陷時她並未因此寫過或在自己的《天地》上發表過任何「大東亞」言論,而戰後的《續結婚十年》中,她反「不識時務」地追憶他們可親可敬的一面,始終視他們爲朋友。我們可以說蘇青不諳世事、不明「大是大非」,但她卻的確是坦率且真誠的。

蘇青的作品有小說和散文兩大類。小說和部分散文基本上以自身經歷爲素材,其餘散文對當時的社會問題多所發難,而這又集中於女性生活方面,表現了一種與五四時期截然不同的女性解放觀念。

蘇青從切身經歷中意識到,「五四」以來的女性解放運動僅僅讓女子和男子一樣:一樣讀書受教育、一樣工作、努力、奮鬥,卻沒有考慮到女性具有獨特的、不同於男性的生理心理狀態和要求,也沒有考慮到這個因循守舊的社會對女性的期望仍然是「賢妻良母」,因此這種脫離實際的「解放」本身反而給女性帶來了更大的麻煩、更多的痛苦。本著她明朗、直率的天性,她在自己的作品裏不斷強調女性的身心特徵,不厭其煩地描繪女性人生的種種「麻

〔註13〕見1942年12月《古今》第1卷第12期《編輯後記》。
〔註14〕見蘇青《續結婚十年・關於我(代序)》,《蘇青小說選》,第324頁。
〔註15〕見劉心皇《抗戰時期淪陷區文學史》,第120～123頁。

煩」，對社會、對激進的女性解放觀提出了大膽的質疑。應該說，這一見解是很有價值的，也部分地與 1968 年後出現的第二代女性主義理論相符：「她們強調婦女同男人十分不同，以差異爲名否定男性秩序，並頌揚女性本質，對女性心理及象徵體現頗感興趣，……並認爲婦女有權處於歷史和政治的線性時間以外」〔註 16〕。

對自己女性觀念的實踐較爲集中的體現是在小說《結婚十年》，這部小說描寫了一位有文化、有上進心、追求愛、熱愛生活、嚮往自由的青年女子「蘇懷青」，由家庭包辦而結婚，幾經周折，最後終於離婚的故事。它寫十年的婚姻生活，從頭至尾是夫妻家庭的日常瑣事，既沒有大悲大喜，也沒有浪漫傳奇，而能寫得有聲有色，在很大程度上是靠這種對於女性隱秘空間的塑造和挖掘：例如，小說從「我」的結婚之日寫起，一來就描寫自己做新娘子小便難忍的苦楚，從中見出舊禮俗的迂腐反人性，顯得新鮮別致；它詳細描繪「我」懷孕生子的過程，尤其以生產前的備受重視和生女兒後倍受冷淡的對比，揭露和抨擊了了當時重男輕女和把女人當作生育工具的社會風氣；它通過對「我」與丈夫不冷不熱的夫妻生活的寫實描繪，肯定了女性渴望得到瞭解和尊重、獲得情愛和性愛滿足等諸方面心願。應該說，《結婚十年》涉及的方面非常多，逼眞地表現出一個有活力有個性的女性是如何在因循守舊的家庭生活、社會環境中被消磨了青春，被強加上人生的重擔，而且它如實地再現了戰爭的恐怖與逃難的倉皇，寫出了戰爭給人民帶來的苦難，因而具有廣泛的社會性，絕不像當時一位論者所說「純粹是爲了爭取性欲滿足而鬥爭的鬥士」〔註 17〕。

退一步說，即使她眞是這樣一個「鬥士」，那也無可厚非：既然我們能原諒 20 年前喊出「知識我也不要，金錢我也不要，我只要一個女人」的郁達夫，爲什麼就不能理解一個女人同樣的需要？在小說《蛾》裏，女主人公是那樣苦悶，在寂寂的夜裏，她喊出了內心最強烈的要求：

「我要……

我要……

我要……啊！」

〔註 16〕見「女性主義批評」，王先霈、王又平主編《文學批評術語辭典》，上海文藝出版社，1999 年第 1 版，第 594 頁。

〔註 17〕譚正壁《當代女作家小說選・序》。

她明知道在這男人的心裏只有一件叫做「女」的東西，沒有「人」的成分，卻還是飛蛾撲火般投入這短暫的輝煌與歡愉，懷孕後對自己的行爲很痛悔，但墮胎之後，則又勇敢地表示：「我還是想做撲火的飛蛾，只要有目的，便不算胡鬧。」此文爲吳福輝激賞，他說：

> 這個小女子說出石破天驚的話來，她宣告，要抖落掉歷史給女性的「性」蒙上的那塊罪惡的遮羞布，要給人的欲望平反，欲望如火，火中包含光明，應當理直氣壯地對待。〔註18〕

蘇青的不少散文和小品，表現婦女日常生活（如《浣錦集》），風趣而眞切，被胡蘭成稱作「五四以來寫婦女生活最好也是最完整的散文」〔註19〕，但她最引人注目的，還是這樣一些作品：《談婚姻及其他》、《談性》、《談男人》、《談女人》、《生男與育女》、《眞情善意和美容》、《論夫妻吵架》、《論離婚》、《女性的將來》等等，大膽、率直地表現女子的眞實生存狀況，傾述對社會、對男人的不滿，「認眞替女人抱委曲」，以極大的熱情關心著女人切身而難言的問題，如性與愛、生育與節育的問題，從自己的切身體驗出發，她認爲「節制生育」是女性獲得眞正解放的前提，不但自己寫了不少文章，還在她主辦的半月刊《天地》上設「婚育專輯」，引起多方關注和討論。而在《爲殺夫者辯》一文中，蘇青對震動一時的「詹周氏殺夫」一案，從她長期忍受丈夫虐待、生活無望、精神錯亂等方面，爲萬人唾罵的「殺夫者」辯解，順帶揭示司法中的種種弊端，顯示了一種爲被壓迫受欺凌者說話的勇氣和俠義，是難能可貴的。

不過蘇青也是不徹底的，她的女性解放觀非常矛盾：一方面她肯定女性情欲的滿足（如小說《蛾》），並極端地自我中心，希望所有的男人都愛自己、爲自己作出金錢和愛情的雙重奉獻，認爲這才是女子最大的驕傲和滿足（如《續結婚十年》），但在更多的篇什裏，她反覆感歎自己是「想做賢妻良母而不得」，女子還是不要輕易離婚，能湊合便勉強過下去吧（如《離婚論》），並以女子走上社會後的種種不適，認爲「工作」不過是對女性生命的浪費（如《寫字間裏的女性》），主張女子還是做家庭主婦、呆在家庭裏較好，並有很多文章專門討論諸如夫妻家庭和睦的方法等等。

這種種矛盾，正是上海市民執著於現實生存和「個人本位主義」之間矛

〔註18〕吳福輝《都市漩流中的海派小說》，第186頁。

〔註19〕胡蘭成《談談蘇青》，《蘇青小說選》，安徽文藝出版社，1995年，第523頁。

盾的體現：謀生存的沉重的現實壓力，使她不免減少了幾分銳氣、多了幾分時時處處向「現實」妥協低頭的色彩；而強烈的自我中心，則使她過於注重女性不同於男性的生理心理特徵，而忽略他們作為「人」的共通之處，結果是形成了這樣一種奇特的「女性觀」：那就是既不放棄舊式女性在金錢物質上對男性、對婚姻的依賴（例如男人就該養家、男人就該付賬等等），又要享受新式女性在人際交往和戀愛上的自由，表現出利己主義的特點，這倒眞像譚正璧所感歎的：「在個人主義風靡一時的現社會裏，即使是被壓抑者反抗的呼聲，也不免是屬於個人主義的。」〔註20〕

蘇青是一個作家而非女權運動者，所以我們不苛求她思想的解放與徹底，相反，她的走紅本身就和她的混亂和矛盾相關〔註21〕：一方面，蘇青以大膽而坦率的作風，揭示了長期被忽略被遮掩的女性生活隱秘狀態，將許多只能做不能說的事情公然擺到臺面上，而且大說特說，她從不避諱自己的「俗」，以「大俗人」自居，「月經」、「精子」、「卵」等等為君子淑女所羞於啓齒的詞彙在她的筆下頻頻出現，既滿足男性讀者的好奇心和窺視欲，又能引發女性讀者的響應和共鳴，也引起一部分人的反感，總之為平淡的市民生活增添了無數「熱點」和話題；另一方面，蘇青在價值取向、生活方式上，傾向於肯定市民的既成觀念，並不對他們造成大的觸動和反思的痛苦，甚至是善意地指導他們的世俗生活：例如，如何與丈夫、公婆相處啦，如何交友啦，甚至包括她那些表現個人生活情趣的作品，都顯得親切和入情入理，深為有一定文化的市民所歡迎，所以張愛玲會說「整個的社會到蘇青那裡去取暖」，點出了蘇青和市民讀者之間所達到的密切的關係。

蘇青的作品，不論散文還是小說，都並不講究謀篇佈局，而有很大的隨意性；她的語言是白話口語和書面語的結合，叨叨不已中常有一種「意想不到的雋逸」，令人興味盎然；她的作品裏活躍著一個介於新舊之間矛盾不已、但仍然堅持著自己走下去的女性形象，這個形象有血有肉，與她自己是如此接近，有時令人討厭，更多是感到辛酸，而總的來說是親切——「新式文人的自由她也要，舊式女人的權利她也要」，眞是道盡千古女人的心事——可以說，這個女人本身便有足夠的故事和內容，成為蘇青道不完的話題。

〔註20〕譚正璧《當代女作家小說選・序》。

〔註21〕蘇青的小說《結婚十年》據吳福輝《都市漩流中的海派小說》中統計，至1947年已再版達40版次之多，實屬罕見，連帶她的其他作品都有不俗的銷售業績。

和予且一樣，用純「藝術」的標準去衡量他們，肯定不會滿意。但是應該發現，蘇青較之予且，是更具有美學創造能力的，也就是說，「日常生活」在她的筆下已經不僅僅是作品表現的內容，而成爲一種表現方式本身：她的作品的隨意、瑣碎和傾述性質，那時有變故、悲喜交集的「流水賬」式的敘述方式，不就是「日常生活」在美學上的一種投影嗎？遺憾的是，蘇青自己卻沒有意識到這一點，因而這種傾向只是處於自發的階段，沒有上昇爲一種自覺的審美努力和追求。她腦子裏的「正統作家」仍然還是「爲民族國家、革命、文化或藝術而寫作」的人。因此，在與張愛玲同名的《自己的文章》裏，她完全沒有張的跋扈與自信，而是不無辛酸的：

> 我的理想中的男女等人應該是爽直、坦白、樸實、大方，快樂而且熱情的，但是我所接觸的，我所描寫的人物，卻又如此扭捏作態得可憎可厭，……我很羨慕一般的能夠爲民族國家、革命、文化或藝術而寫作的人，我是常爲著生活而寫作的。……我鄙視自己，也鄙視自己所寫的文章，那不是爲了自己寫文章有趣，而是爲了生活，在替人家寫有趣的文章呀！〔註22〕

三、周天籟：人道情懷與狹邪趣味

周天籟在戰前以寫作兒童小說著稱，共有短篇集《甜甜》、長篇《可愛的學校》、《小老虎》、《梅花接哥哥》、《甜甜日記》五種；戰後開始寫作社會小說《孤島浮雛》，在《迅報》連載，並大受讀者歡迎，接著作者又寫下了第二部社會小說，即《亭子間嫂嫂》，先在《東方日報》刊載，一時極爲轟動，遂於 1942 年 8 月由上海廣益書局出版。據我所查資料，淪陷時期除這一部《亭子間嫂嫂》外，周天籟並沒有其它作品問世，也因此這一節的主要內容便是這一部長篇小說，好在這個小說本身自有其特出之處，可以在上面做做文章。

這部小說應該說承襲了自韓邦慶《海上花列傳》以來的狹邪小說傳統，它們都打破了歷來青樓作品籠罩在嫖客和妓女之間上的那一層才子佳人的虛幻言情特徵，《海上花》裏的妓院，已成爲一批近代商人的交際場所，商業運作和色情遊戲具體地結合在一起；而《亭子間》則「皮肉生涯」更理直氣壯地成爲一種謀生的手段，出賣肉體竟然具有了一種靠自己身體吃飯的自立性

〔註22〕見《風雨談》第 5 期。

質。同時二者都以一種寫實的、客觀的筆法，表現了這種色情生活的日常的一面，《海上花》裏的幾位妓女，和她們的恩客之間的關係，毋寧更接近於夫婦之道：也吵嘴、也吃醋、也互相體恤，瑣瑣碎碎，牽絲攀藤；《亭子間》則更從「我」這個鄰居的視角，看見的是亭子間嫂嫂種種日常化的、生活化的表現，更著力的也是她作爲一個女性的種種品質，一種健康、明朗的氣質滲透在這種欲望化的敘述中，從而改變了它的狀貌。

這部小說同時也看得出「五四」以來的文人小說傳統：「我」與亭子間嫂嫂顧秀珍的這種居住關係——同住一個被隔開的亭子間，在整體結構上很類似於郁達夫的小說《春風沉醉的晚上》中「我」與煙廠女工的居鄰關係。他們各自處於社會的底層，具有「同是天涯淪落人」的惺惺相惜、互憐互愛，對社會的詛咒，也有幾分近似。

相應地，這個作品有兩個敘事角度不停地轉換著：它在總體框架上是一個寫作者「我」的限制敘事：通過「我」之所見、所聞，以及和「亭子間嫂嫂」顧秀珍的交談，來顯示這個「私門子」〔註 23〕的一部分生活情形，這個視角相應地也有一個特定的價值觀：一種充滿人道同情精神的、包含了平等尊重、愛慕助援等等「五四」以來的正面價值取向的知識分子觀，譬如「卷前」所言：

> 現在且讓我把那冊密密層層寫著亭子間嫂嫂的生活記歷打了開來，這裡我告訴你一個賣淫婦的斑斑血淚，使你知道一切神女非人生涯的痛苦，亭子間嫂嫂只不過恒河中沙礫之一粒而已。

而小說最後的一句話則是「我」向要爲亭子間嫂嫂報仇的黑社會小頭目「排門板」說的：

> 你有三萬徒弟也無所用。你要替她報仇，除非先從改良這萬惡的社會著手，否則你還是免開尊口！

然而僅僅由「我」的限制敘事，勢必會使這個妓女的生涯尤其是她的私生活、她接觸的形形色色人物及其背景，不能得到充分的展開，於是她不斷地「走出」、「我」的視野，走入這個城市最糜爛的賣淫生活，這一來她就擺脫了「我」的理性眼光，打開了一片嶄新的天地。隨著她接觸的人物，小說表現的社會場景不斷擴大，每一個嫖客後面，幾乎都包含了一個有聲有色的黑幕故事：「拆白黨」怎麼訛詐、學者名流怎樣虛僞、店鋪小夥怎樣「飛」貨、

〔註 23〕即自己開門戶做生意的「暗娼」。

商人怎樣「黑進黑出」……這裡既有大學生中學生的無知幼稚、也有老江湖的辣手、巨賈富商的深閨後院，以及情深意重者的一片癡心。可以說，以這個全知全能的敘事視角，展現了原滋原味的民間故事，在價值取向上它也突破了知識分子價值觀的束縛，是曖昧的、好奇大於判斷。

不過小說最出色的還在於對這個不幸的、美麗的、聰明的女人顧秀珍的刻畫。事實上，在她和嫖客的故事裏，最讓人感到興趣的也不是這些男人，而是這個女人如何以弱勢之身份，憑籍自己的聰明能幹，見人說人話，見鬼說鬼話，或大灌迷湯，或敲詐威逼，耍盡手腕，將林林總總各式男人鬨得心花怒放、制得服服帖帖，小說因此充滿了一種對下層人物臨機應變的機智和生存本能的讚美，令人想到《十日談》裏那些不避粗俗的故事，那些對小人物戰勝大人物的會心喜悅。

這種生存的機智和本能，是極端惡劣的環境下鍛鍊的產物：作爲一個暗娼，她不像一般妓院裏的妓女，還有鴇母爲之解決部分的問題，她是一切靠自己，可謂底層之底層：巡捕要捉她，客人一言不合可以馬上翻臉，一頓臭罵，甚至約上幾個人來砸臺子，錢多錢少，只在她鬨騙欺瞞的功夫，正是有這樣嚴苛的環境，亭子間嫂嫂的種種作爲，才顯示了她倫理上的某種合法性：在弱肉強食、適者生存的社會裏，活下去是一樁重要而有尊嚴的事情。

也因此顧秀珍身上，隱隱體現出了一種現代個人主義精神的萌芽：例如她愛自由，寧可放棄做巨賈姨太太那種生活優裕但是枯寂束縛的「囚徒生活」，自己掙錢自己花用；她俠義多情，雖見了發不義之財者也會狠敲一記，但是當過去的情人淪落時，她花大錢爲他添置一切備用而一無所求，並在自己潦倒不堪時仍然拒不要回自己贈送的價值萬元的鑽戒；她雖然也愛奢華富貴，但是更願意做一個「自食其力」的勞動者，在某種意義上，她確乎是把做妓女當作了一種職業去做，儘管她知道名聲難聽，卻在內心並無看輕自己。可以說這大概正是她始終未曾在靈魂上墮落的原因。在她經濟寬裕了一些之後，她便只和一批聲氣投合的熟朋友往來，她慷慨大方，家裏賓客盈門，簡直有幾分沙龍性質了。

作爲底層的底層，亭子間嫂嫂不同於予且蘇青筆下的那些小奸小壞、苟且卑微的市民，他們是不徹底的，充滿了苟活下去的妥協和猥瑣；而亭子間嫂嫂儘管是一個悲劇，但是她的一生，雖足令人浩歎，卻絕無一絲可憐蟲氣息，她活得清楚明白、興興頭頭，雖然是個妓女，可對自己看不順眼的男人，她任性作弄、甚至堅拒不接；對自己喜歡的男人，她是實心實意、肝腦塗地一片眞心對他。這種極端的性格，使她享受了極度的奢華，也坦然面對殘酷的死亡。

不過顧秀珍的悲劇，卻在於她的個人主義只是自發的、是惡劣環境的畸形產物，在她的思想深處仍然是根深蒂固的傳統觀念：出於「孝心」，她將大量的金錢供養父親抽鴉片，更重要的是她仍然脫離不了「靠男人」的念頭。然而嫖客們又有誰會眞心對待她呢？結果是她的虛情假意可以征服一切男人，她的眞心實意倒使她遭遇滅頂之災：因爲，當一個人被置於非人的境地時，「人性」實在是有幾分多餘的。所以亭子間嫂嫂再有手腕，也還是脫離不了被騙而終的悲劇。這個悲劇結局充滿了直面現實殘酷人生的力度，引發人產生更進一步的思索：亭子間嫂嫂的悲劇原因究竟何在？也使一個個人的問題，隱隱落到「制度」和「思想」上來，從而具有一定的啓蒙意味。

周天籟和予且蘇青有共同之處：他們都肯定個人的生存欲、物質欲和情欲，展示了一種新的現代意識和人文精神。然而，正如顧秀珍那潑辣爽快充滿生命活力的個性是予且蘇青筆下所未曾有的，這篇小說也通篇洋溢著一種特別的生機勃勃的趣味，這種趣味既不是知識分子氣的，也並非市民氣的，而是一種充滿生命力、超越善惡之辨的天眞浪漫。事實上這可能跟周天籟的兒童作家身份有一定關係，據說他的性格也是非常孩子氣的：「我認識本書作者天籟兄，已有十多年，他始終孩子氣很重，年紀雖已三十多歲，就像十一二歲的孩子差不多，天眞未泯，跳跳蹦蹦，活潑得可愛。」〔註 24〕表現在作品裏，就造成了作品整體上一種清新自然的氣息，一種毫無遮掩的好奇和坦然，也使這部以妓女生活爲內容的作品，並無多少欲望的氣息，倒像一部「社會人生歷險記」，扣人心弦且引人入勝。「孩子」是最無文化壓力的，對知識分子趣味和市民趣味的共同穿越，以對欲望生活的坦然描述使之合法化、甚至具有某種尊嚴，正是這部小說最吸引人的魅力所在。

作品最先是在報紙上連載，爲了利於小報讀者的閱讀，必須每期講述一個相對完整的故事，而合成長篇全文出版時便出現了一個問題：63 萬多字的小說竟然沒有任何敘事上的變化，除了開頭一小段，全用順序，而且一敘到底，沒有分隔、也見不出作者的安排。這表現出作家在擺脫章回體敘事模式

〔註 24〕陳亮《亭子間嫂嫂・序》，轉引自陳思和《亭子間嫂嫂・導言》，《亭子間嫂嫂》，學林出版社，1997 年 12 月，第 3 頁。

後，還並不能找到合適的長篇敘事手段。敘事上的這種簡陋，也嚴重地妨礙了它有所突破、進入後人的視野，因為現代小說從本質上講是一種敘事文學，講故事的方法越來越具有本體性的意義和價值。他和予且、蘇青共同的問題都是：在講述一種具有全新意味的人生時，還不能為之找到一種合適的方法，不能建立起一種形式感，因而還是浮面的，表現出作家的主觀精神還不夠強健、不能完全把握其筆下的這個世界。這大概也暴露出「商品－市場」傳統的某些致命缺陷？

第三章　個體偶在的道義熱情和價值失範的市場期待——新市民作家（中）

雖說通俗的讀者群一般總是傾向於情欲文學，但是長期的價值失範，仍然會令人若有所失。在欲望敘事製造的一個個「熱點」之外，一種對之進行審視和判斷的渴望也悄然而生；尤其在這山河破碎、萬方多難的年代，個人的際遇、悲喜，無法不與家國的興衰相聯繫，因之一部分作家開始對予且蘇青等人不置一詞的時代、社會和個人精神世界，表現出言說的努力和詮釋的熱情，試圖在這個中心失落、價值失範的時代，在倫理和價值上有所判斷和建立。這就是本章所要討論的部分新市民作家。

其中丁諦的作品較為複雜，一方面他從「個人」在這社會中的被扭曲——精神人格的喪失、道德的淪喪——等方面深刻地反映了這個商業社會的不合理性，提出批評，並正面提出自己的「現代化」理想，而另一方面，從「實際」和效率的角度，他又對都市文明以及都市人格不無讚許，這種複雜的眼光使他的作品較為深入，也為海派增添了新的質素；邱韻鐸、文宗山的作品拓展了海派的視角：將描述重心移到鄉村女子都市化的過程，表現出都市文明戰勝鄉村文明的必然，而她們都市夢的幻滅，則表現了作者對這種利己「個人主義」的某種批判。這種批判現實的傾向在周楞伽和譚正璧的作品裏更其明顯：周的作品，從市民角度傳達左翼思想，並以戰爭環境為作品背景，從而生動地表現了市民個人的生存幸福與時代國家的緊密聯繫；譚正璧具有很強的傳統氣息，他的大量「故事新編」借古人事、抒今人憤，既對社會的物欲、人欲橫流狀態表示批判，也表現了對屈事敵人之人事的憤慨，體現了新市民作家較富社會義感的一面。總的來說，和舊派作家、予且蘇青等比較，他們表現出了對於現代都市更複雜的審美情感：愛戀與詛咒、包容與疑懼，交織在一起，他們的態度不是單向度的而是雙重的，與都市本身的二重性質正相吻合。

一、丁諦：商業社會的洞察者與批判者

丁諦在孤島時期的作品以散文爲主，後因「感到散文表現人生的角度還是太狹，於是寫散文以外又改寫點小說」。〔註 1〕淪陷後，他身兼文人和商人兩種身份的特別生活經驗，使他對商業社會的本質具有深刻的洞察，更爲之提供了豐富的素材。這一時期，他基本上寫作小說，作品頻頻出現在上海的多種刊物上，以致被稱爲「今日上海最流行的小說名家」〔註 2〕，他作品頗豐，淪陷時期共出版有長篇《長江的夜潮》《前程》和短篇集《人生悲喜劇》，在雜誌社的作品選輯地位僅次於予且，也是《大眾》除予且以外的第二號「招牌作家」；由於他的作品往往和予且的作品放在一起，雜誌編輯在做介紹時，也常常同時提起兩人，以至於「予且丁諦」給讀者留下類似或相近的印象。但實際上，丁諦的作品視野較予且開闊，注重表現商業社會現實人生，而不局限於家庭和男女之情。和予且對物質文明的肯定態度相比，他更注重揭示商業文明扭曲人性等不合理一面，具有現實主義的色彩。在風格上則沒有予且的輕倩別致，而是構思緊湊和客觀的，有時未免有點呆板。予且與當局合作的行爲，在丁諦身上是看不到的，甚至他在一些作品裏還表現出一定的抗戰意識（如《長江的夜潮》）。

仍然從「個人」出發，丁諦和予且蘇青不同的是，他筆下的「物質」與「精神」、「個人」與「環境」是尖銳對立的：首先，「物質」的增進絲毫無補於「精神」的充實，甚至恰恰妨礙了精神的幸福。不過，丁諦的這種觀念是和舊派文人相區別的，他是以一個商業文明的深刻洞察者的面貌出現，他能深入這個社會的本質，去探討「物質」與「生存」對個人的扭曲和傷害，而不是發自一種道德的義憤，他發現了予且蘇青筆下沒有的道德悖論：

爲了活下去，個人對「生存環境」的妥協反過來極大地傷害了「個人」。

〔註 1〕丁諦《我的創作經驗》，載 1944 年 5 月《文友》第 2 卷第 12 期。
〔註 2〕馬博良《每月小說評介》，載 1944 年 1 月《文潮》第 1 卷第 1 期。

丁諦的部分小說描繪了人們所處的環境——社會的種種情形，把這個世界的爾虞我詐、道德淪喪的實質表現得淋漓盡致，特別是他選擇慈善、教育、文藝等部門來描寫，這些本來最體現社會純潔精神的部門如今都變成牟利的方法，更顯其批判的力度：「我覺悟我所處的這一個社會，是商業重心的社會，畸形的商業重心的社會，商人固然是商人，無一而不是商人！」〔註3〕正是有這樣一個對社會環境的認識底子，他表現了這樣的環境怎樣損害著個人無拘無束、健康自然、合乎自然天性的生活。他揭示了在這個「社會地位的優越更勝過於道德的優越」的社會裏、在「生存」的迫壓和「物質」的誘引下重物質輕精神的市民生活態度對人的損害；他描述了個人的純潔天性和美好理想在爲「生存」而奮鬥的過程中如何一點點喪失殆盡。他的作品一再表現的主題是「生存」和「成功」對個人的損害：要在上海這一個繁榮但也是罪惡的城市裏獲得「生存」與「成功」，意味著向環境低頭、妥協，甚至改變自己的個性、追求、理想，直至成爲一個沒有靈魂、甚至沒有感覺的畸形人。他的作品細膩地表現了，人被生存所左右、被環境所改造的可悲可笑，例如在《老少年》裏，一個六旬老人爲了保住職位不得不投經理「年輕化」之好，勉爲其難地處處扮年輕，混蹟於青年之中，得「老少年」的稱呼，滑稽突梯中浸透了人生的辛酸悲感。他的作品處處強調，不是生存而是對生存和環境的妥協才是對個人的最大傷害。應該說，這種對「個人」精神生活的重視，是丁諦與予且式個人主義的截然不同之處。

但也應該看到，丁諦也有和予且蘇青等人相似的一面：在《舊雨》、《變》、《免費旅行》等作品裏，他承認了物質對人性的吸引力，承認都市社會更青睞機靈善變、有能力（儘管是「道德淪喪」）的人，在那些描寫大工業生產如何取代手工業生產的作品如《春燈》《式微》裏，他也客觀地表現了這種帶有極大牟利性質的現代工業手段，的確比小手工業有更大的效率、更有助於物質財富的生產。應該說，丁諦的態度有幾分類似於巴爾扎克，他在感情上對資本、對都市是否定的、憤激的，但是客觀的心態使他又如實地寫出了這種資本化、都市化的必然性，承認了後者是更利於生存的。這使他的作品在總體上顯得面目曖昧，同時卻也增加了作品的現實包容度。

丁諦的短篇《錦瑟》，以詩人李商隱因爲愛情婚姻而捲入晚唐複雜的黨派鬥爭中「兩面不討好」、因之終身郁郁不得志的歷史事實，含蓄地表現了一代

〔註3〕丁諦《人生悲喜劇序》，載《風雨談》第13期。

文人置身於淪陷時期這個特定環境下的身不由己的苦衷，「寧爲太平犬，不爲亂世人」，然而個人又如何能夠選擇他的時代呢？個人被毫無準備地拋入一個時代並成爲它的承擔者，其精神的苦悶、內心的重壓，在小說窒悶、怨抑的氣氛中可感受一斑。

在新市民作家中，丁諦是唯一一個表現了自己對個人和社會的正面設計的作家，這是值得注意的。他的長篇小說《前程》通過對三個大學時代的好朋友走上社會十多年後的不同人生選擇，表現了三種人生境界：一個是適應環境最快的商人陳立三，一個是保持著自己的「純藝術」理想而在現實社會中落落寡合的畫家馬二南，；還有一個是介於二者之間的宋輝甫，他羨慕馬二南能始終堅持自己的人格，但在生活現實的嚴峻逼迫下，他拋棄了自己的純藝術理想，而追隨陳立三開始了商場上爾虞我詐的「事業」。這三個人在小說中沉浮升降的人生際遇則是這樣的：陳立三漸漸走向墮落之途；馬二南無法應付上海虛僞齷齪的「藝術」氣氛，也與女友去鄉下寫生作畫；宋輝甫則在投機失敗後，開始了他人生的大改變：去鄉間辦農場，實踐著創造、勞動、奉獻的健康的人世理想。三個好友在農村相聚，陳立三眞心懺悔自己的墮落，馬二南也走出了爲藝術而藝術的狹窄天地，一度決裂的友誼又重新燃起，他們決計共同攜手，以科學和新的思想去改變農村，創建一個美好的世界。

這些人物的人生軌蹟，很容易讓我們想起托爾斯泰筆下的列文，怎樣厭棄於都市文明的頹廢與道德淪喪，而最終走向農村，實踐其創造、勞動、奉獻的純潔的理想生活。這裡我們在其現代理想的外表下，依然可以看出一種「桃花源」式的理想、一種被「科學」裝飾的夢想。對資本主義倫理的拒斥和對資本主義工業方式一定程度的認可、尤其是對「科學」的信仰，這種自晚清以來便爲中國人獨有的「現代觀」，在丁諦的作品裏又一次得以體現；而這其實也正和左翼的現代化理想相吻合：那就是如何既吸收「現代化」的種種便利，同時又拒斥其罪惡與糜爛的一面？

應該說，丁諦的才情不如予且和蘇青，但他對文學寫作的較爲嚴肅的態度，一定程度上彌補了他的這一局限：與予且蘇青的較爲隨意的、順應趣味和情感寫作的方式不同，他是很講究寫作技巧的，寫有不少談論寫作方法技巧的文章。我們能感覺他的作品在寫作上的某種刻意追求，兼有寫實派的樸實沉鬱和「新感覺派」聲光色影光怪陸離的作風。尤其在長篇作品裏，更少見舊派小說的陳詞濫調，而多新文藝小說的特性，這和他較爲嚴肅的寫作態度相聯繫，寫作對於他較少謀生的成分，而主要是一種心靈的需要：

在極端的功利與身家是謀的社會中我飽受了一種矛盾心靈的壓逼。……但也正因爲這種不痛快激成心裏的波瀾，我決心要寫下我所知的事物，哪怕這是膚淺的、不夠深切的體驗。我也知道這中間藏有一點酸辛，不一定會把青年有爲的人領到開豁的大路。回首前塵，輕微的哀怨自然是有的，但我相信，大部分還能冷冷的正視人生，用我的淡然無求的胸襟，用我的略經事故的眼，用我的炭火一團要呼喊的心。〔註4〕

二、周楞伽：以市民立場堅持左翼進步思想

周楞伽體現了上海青年作家一種有代表性的新舊雜陳：在思想趣味和創作上，經歷了一個由古典派、鴛蝴派向新文學靠攏的過程。對寫作的愛好，也首先是出於一種個人的需要：他由於耳聾，「和寂寞結了不解緣。……但漸漸的我便獲得了排解寂寞的方法，那就是看書，……因爲從小喜歡讀小說的緣故，於是，對寫作發生了興趣，由我筆下創造出來的人物的悲歡離合的情節，可以把我的心帶到另一世界，忘記了現實裏的寂寞的痛苦。」〔註5〕寫作在本質上是安慰其寂寞、豐富其生活的精神食糧，而他成年後所受到的啓蒙－救亡思潮的影響，則又使他開始在作品裏有意識地注入抗日愛國等進步的東西。這種「新舊雜陳」使他在淪陷時期上海成爲不多的幾個以市民立場堅持進步思想的作家之一。

淪陷時期周楞伽的文藝思想最集中的體現是在他發表於《文潮》第 2 期的《卅二年度上海短篇小說》，他批評 1943 年是「荒漠的豐收」，量大而質低：「作品的產量雖然多，卻根本談不上什麼意識、理想、主題。」他反感於「『爲稿費而文學』，或『個人主義的文學』」而認爲「文藝家的任務，不僅在於反映現實生活，我們甚至還要求通過他們的主觀作用，給讀者以未來的光明的預示。而現在的作者卻不但不能反映現實，甚至還忘懷了現實。造成這種現象的原因，當然大半要歸之於環境的不許可，但作家的樂得偷懶，把戰時社會中種種形形色色可供描寫的題材棄之如遺，顯然也不能辭其咎。」可見其

〔註 4〕丁諦《人生悲喜劇序》，載《風雨談》第 13 期。
〔註 5〕周楞伽《寂寞世界》，載《天地》第 4 期。

「爲社會」的創作觀念之一斑。

這一時期周楞伽創作頗豐，他以「危月燕」、「易庵」等筆名，在《萬象》、《雜誌》、《大眾》、《春秋》和他主編的《萬歲》等刊物上發表不少作品，出版有《江南春》、《小姐們》、《幽林》三個小說集。在思想意識上他受左翼進步思想影響頗深，但在情趣上他仍是市民化的，因此在寫作上仍沿襲著通俗小說的格調，而這也造就了他獨特的寫作：一方面他以進步思想爲參照，體現對市民軟弱、短視根性的揭露與淡淡的諷刺，另一方面他力求從個人的角度來闡釋健康、進步思想的重要和小市民軟弱苟且的精神狀態對自我人生的損害，從而和正面表現新思想、新行動的左翼小說相區別。

周楞伽此時的創作，長篇與短篇兼有，散文與小說齊收，既注意在作品裏以市民生活一角體現出時代的動蕩與升騰、希望與失望，有時卻也忍不住自己的豪興，去創造一個與世無涉、俠義勇敢的想像空間。前者的代表作有《離鸞曲》《江南春》等，後者的代表作有《老拳師》和《梨園世家》。

《離鸞曲》寫一個富家女梁友嫻與鋼琴教師張兆基在對音樂共同愛好的推動下，一段若有還無的微妙情感，並將之放置在戰爭動亂的離亂之中，渲染出濃厚的時代氛圍。作品刻畫得力的是這個具有有產者的動搖和妥協性格的小姐梁友嫻，她自始至終受環境的牽引，沒有一點反抗的決心，也沒有把握自我人生的勇氣，一次次放棄了較爲光明的出路，最終在戰亂中被父母送與軍人爲妻（或妾？）。作者以這一人生悲劇，揭示了小市民軟弱苟且的個性思想對自己人生所帶來的災難；而《空花》更明確地說：「這給予我一個教訓。」（國難當頭時）「那些還沉溺在愛情中的人。縱使能夠抓住一些什麼，但轉眼間也必然要變成空花。」

周楞伽對上海社會的種種黑暗面也有較深的認識，《負義記》《上任記》暴露了文壇、官場種種黑幕，《吃報銷飯的人》更大膽地寫出了在當時日僞政府扶植「漢奸文學」的文化政策下一種很醜惡的現象：由政府出資給個人辦刊物、結果被貪婪無恥的文人兼商人當作了牟取暴利的方式。出於環境的迫壓，作者顯然不能直接諷刺這一文化政策，而著眼於刻畫這些文人品格上的無恥和內幕的曲折驚人，應該說，這種手法是對左翼小說和晚清「黑幕」小說的一種結合：左翼接受的是 19 世紀批判現實主義文學和 20 世紀蘇聯社會主義現實主義文學，勾勒現代社會的黑暗層面，其鋒芒在於「制度」而非「人」，但周楞伽的興趣顯然更在於人情人性，制度於他只是一個模糊的遠景。

下列作品更能見出周楞伽作爲市民作家和進步作家結合體的特色：《皮大衣》裏，太太的貪婪導致丈夫的墮落，是對現代夫妻關係的某種深層開掘；《三戶》更從性心理的角度探究女人嗜打麻將的行爲：它是出於受挫的性愛心理的補償；《弄瓦》寫生女兒引出的婆媳矛盾，眞切地表現出新舊觀念對小家庭關係的衝擊；《職業》《薄暮》等寫女子就業背後的種種醜陋黑幕：女性爲求自身的「獨立」所付出的卻是出賣自身的代價，同時它通過女性在上海和內地的不同遭遇，在對比中表現了對上海黑暗空氣的不滿和對內地健康生活的讚歎。

《老拳師》《梨園世家》則是作者想像力的產物，塑造了一種光明磊落、樸實無華的帶有英雄氣質的性格，這些作品很有舊派作家如包天笑作品的格調，反映出作者所受古典小說的深厚影響。

從上我們已經可以看出，周楞伽對於左翼進步思想的接受是很有個人特色的：左翼進步思想是一種富有英雄主義和理想主義色彩的東西，對於從小沉浸於《三國》《水滸》《西遊》中的周楞伽，可說是把左翼文學當作了對這種童年時期便已產生的英雄崇拜情緒的代替物來接受，他一再聲稱自己不懂政治，更說明了這個問題。

看他的散文，能使我們更好的理解這一點：此期周楞伽在《雜誌》《萬歲》上發表了一系列回憶三十年代左翼作家的散文作品，如田漢、洪深、阿英、郁達夫、謝冰瑩、張天翼等等。很獨特的是他不提政治方面的東西，而把注意力集中於人物的相貌言談、性格氣質、尤其他的私生活，例如家庭生活情形、戀愛始末等等，寫出了作家們較富於「人情味」、體現了「普遍人性」的一面，他對他們的才華，對他們正直、勇敢、豪俠的品格表示欽佩，對他們人生途路上的坎坷不幸表示同情，也對他們的一些人格缺陷表示異議。看他那樣著力於人物的相貌特徵、奇行怪癖、命運多舛、婚戀蒼涼，的確可以體會到一種「水滸」、「三國」群英會式的熱鬧，這種寫法自然有環境壓力的因素，但恐怕也和作者自己的個性和爲人的態度有關：他多次強調自己不懂政治，更聲明「我願意做一個和易的近人情的人，卻不願以特殊的作家階級自居。」〔註6〕因此他對人物的理解，主要是出於普通的「人情」而非什麼主義、理想。他以流利的大白話活靈活現地刻畫出一個個生活在這個世界上的普普

〔註6〕周楞伽《三文人的會晤》，見周楞伽《傷逝與談往》，第190頁。

通通的人，既稱讚他們的成就，亦不諱言其不足，讀來很親切、很有趣，表現出的仍然是趣味主義的市民作家的立場。

將左翼進步思想和作家凡俗化、大眾化，而以市民熟悉的方式來進行表達，使之能爲一般市民讀者接受和理解、感到親切，無形中拉近了讀者和新文學之間的距離，這是周楞伽的貢獻。他之所以能做到這一點，是因爲他用一種市民的倫理，對新思想、新文化做出了自己的理解、變形與重塑，就像他那些含蓄的表現進步思想的小說，也是入情入理、從市民生活的細膩入微處來說明：因循苟且的小市民作風已經是行不通的了——這不是被信念支撐，而是出於一種生活的實感，他要說的是，即使仍然做一個市民吧，也得具有對新的思想意識和道德素質的追求，因爲它是未來新生活的要求。

三、譚正璧：市民趣味與學者關懷

譚正璧與予且大體同齡，屬於新市民作家中年紀較長的一輩。他在戰前雖偶有文藝作品面世，但基本上以教育和學術研究爲業，是著名的中國文學史和民俗學方面的學者。上海淪陷後，他卻開始向各報刊投稿大量文藝作品，其作品集結爲小說集《長恨歌》《夜珠集》《三都賦》，論著《文學源流》，並選編《當代女作家小說選》，表現出學者嚴肅的社會人生關懷對市民文學的提升，是此期活躍的作家之一。

由於譚正璧的作品大多在背景複雜的《雜誌》、《風雨談》等刊物上發表，他與「和平文學運動」的主要參與人柳雨生是很好的朋友；他的書，一部分由雜誌社出版，一部分由柳雨生入主的太平書局出版。在相當長的時間內，他曾經受到人們的懷疑和責難，但事實上，譚正璧卻是一個始終堅持其正直情操的君子，首先，他在淪陷期寫作的活躍是出於生活的壓力：此期物價飛速上漲，商業化氣氛下他的學術著作被書局拒收，家境窘迫，妻子發瘋，到了不得已的地步，只能賣文以爲生〔註7〕；二是他的作品大都體現了鮮明的民族氣節，他多以歷史故事爲題材，以對歷史的描繪、把對自己民族的歷史記憶不斷傳送出來，這種「寫作」可說是在不自由的環境中爲自己選擇的一條發抒內心眞實感情的途徑。這些都是無需由我們論者爲其「平反」，而是譚正璧自己的作品所證明的。

作爲學識淵厚的學者，譚正璧有意識地選擇以歷史故事爲小說題材；他

〔註7〕可參見王富仁《現代作家新論》，山西教育出版社，1998年，第425頁。

創作的歷史小說，有不少明顯借鑒了魯迅「故事新編」，借古代的人物和故事框架，容納的卻是今天的人生百相、是是非非，以歷史與現實交織形成奇異的時空錯位的荒誕感受，對這個自私自利、物欲橫流情欲橫流而道德淪喪不堪的現實社會，作尖銳的諷刺和批判。其他一些作品雖寫古代事，卻有較強的借古諷今的現實寓意，而這種意思又是不能直說的，因此歷史小說可謂作者找到的一種曲折反映現實、表現內心世界的方式：《琵琶行》以屈事鮮卑的秦氏父子的下場說明了「這都是向人諂媚的結果」，是對卑躬屈膝的漢奸者流的一記棒喝，《永遠的鄉愁》寫李清照，以昔日的幸福美滿，對比今日的顚沛流離，影射日本入侵帶給中國人的深重災難。可以說，從這二者我們能體會到歷史小說是作者在狹窄的言論空間裏開拓出的一片天地，一個屬於想像的世界，藉此他巧妙地逃離了現實中的種種束縛，得以一舒襟懷。還有一些則是浪漫愛情，對此王富仁認爲這是與譚的氣質不相契合的，他總結的原因是，作爲「賣文爲生」的寫作，勢必要考慮作品對讀者的吸引力，浪漫愛情無疑是長盛不衰的市民讀物。〔註 8〕但我覺得似乎還可以做更進一層的理解：也許這正體現了譚正璧學者式嚴肅的性情氣質的另一面——事實上我覺得一個作家的創作力和傾向常常都是多方面的，但對於一些自我意識不那麼強的作家，較容易受環境、職業、身份的影響，當這種束縛和影響力減弱時，可能會出現與他素常予人的印象不同的一面，也就是「時空是封鎖了、淪陷了，人性反而是開放的」，後面要講到的唐弢也是這樣。

譚正璧創作的這類作品中，情調最爲優美的當推《清溪小姑曲》，它是對古代傳說的改寫：閨閣女子爲了與意中人一晤，假扮清溪小姑神，富有傳奇浪漫色彩。王富仁認爲他對歷史故事所進行的寫實描寫，破壞了傳說的「夢幻精神」，因而是一種遺憾，但這種「破壞」、這種「凡俗化」，將英雄傳說拉入現實、體現美好理想在現實中的尷尬和脆弱，本來就是魯迅「故事新編」的一貫筆法，譚正璧的這種寫法，是他效法「故事新編」的體現。

譚正璧另有少量作品直接描寫現實，《魚筌》寫男女情感，充滿人間溫情，《帽子的風波》從側面寫老姑娘的心態，油滑而幽默，《趙未明》以寫實手法記流水賬一般記錄了一個普通文人一天的生活，細碎、無奈、不順心，充滿了煩惱，給我們留下了此期文人生活極具紀實性的資料。《初夏之夢》是一個直接影射淪陷區現實的「夢」，而《一個意外想到的故事》，則以帶有偵

〔註 8〕參見王富仁《現代作家新論》，第 428、429 頁。

探小說的離奇緊張的「回憶」，隱晦地暗示了一個在淪陷時期堅持地下愛國活動的故事，使我們在「市民」生活瑣碎的小悲小歡中，一窺那些在黑暗中影子般隱沒的艱苦鬥爭。不得已的生存環境，使譚正璧只能將這方面的內容壓到最低限度，而以大量筆墨細細描述家庭生活的細節場景，但這些場景出現了，它們是那麼神秘，一下子穿透了庸常的生活，揭示了這動蕩大時代嚴峻的一角。

不難看出譚正璧作品受魯迅的影響較深，他的歷史故事有不少是以「故事新編」爲名，他的一些散文則模仿魯迅《野草》，有《擬〈野草〉》系列，如《絕墨之什》、《骷髏之什》等，或黯淡或淒豔的意象，夢囈般的語言，並不和諧的、有時甚至顯得突兀和尖銳的氛圍，表現了作者內心對黑暗現實不可忍耐的痛苦，和對於有點渺茫的未來的追索與嚮往。事實上，無論是譚正璧的小說，還是他的散文，都以超現實的場景，無言而逼眞地揭示了淪陷上海一部分知識分子，在現實生活的高壓、政治環境的束縛下衝突、窒息的內心世界，並將這逼窄壓抑的生活氣氛以文字的方式保留下來。

作爲學者，譚正璧還有不少考據型、理論型文章，不過最值得注意的卻是他的兩篇時評，一是發表在《風雨談》上的《柳雨生論》，一是他選編的《當代女作家小說選》序言。這兩篇評論，涉及的對象都非常複雜，要對他們做出恰當的評價，既需要藝術的敏感、知識的豐富，更需要獨立不阿的精神來穿透對象，應該說，譚正璧很好地做到了這兩點，體現了一個現代批評家的姿態。

柳雨生是譚正璧的好友，是一位嚴謹淵博的學者和頗具才華的作家，但此人在淪陷時卻積極投身日僞炮製的「和平文學運動」，（後文將有詳述）對這樣一個人物，譚正璧以其內心的正直和學者的眼光，做出了有分寸、有見地的評述。在這篇長文裏，他先論其散文：「就文論文，我們不能不以《懷鄉記》做他散文的代表。」〔註9〕他迴避這些散文裏有「大東亞」文學傾向的幾篇，主要分析其風格，並含蓄地說：「《西星集》比《懷鄉記》好。」這裡恐怕就不只是藝術技巧的比較，還包含了對柳雨生文學創作在淪陷前後不同思想內涵的評判〔註10〕；對柳的小說，他推崇他對女性心理描寫方面的

〔註9〕作者注：柳雨生的散文集《懷鄉記》中以「懷鄉記」爲名的三篇散文，集中、明確地爲「大東亞文學」鼓吹，是少見的漢奸文學作品。

〔註10〕散文集《西星集》出版於淪陷前，沒有政治色彩。

成功，更讚美他在一系列戀愛小說裏體現出的青春氣息：「……有奔放的熱情、不羈的胸懷，有赤裸裸的無避忌的描寫，也有海闊天空無所不有的傾吐。」表現了一種對生命和青春的禮讚的情懷。而且譚正璧並不僅僅局限於就文論文，他力求發掘柳雨生內在的某種精神，認爲他是「調和論者，中庸主義者的人生觀，但卻是眞正道地的中國學者的人生觀。」總的來說，這篇文論，面對一個如此複雜的對象，能夠有如此清明的把握，既清晰地梳理了柳本人的創作和思想，又能堅持自我內心的清明而與對象相劃分，是難能可貴的。

《當代女作家小說選》則是譚正璧爲淪陷時期崛起的女性寫作的一次總結性的回顧。這部書共收 16 位女作家的 16 部小說，基本上涵蓋了當時活躍的女作家作品。在這篇《序》裏，譚正璧將她們劃分爲幾個群落，分別進行論述，既指出其創作特色、選篇理由，更著重於思想傾向的分析，同樣體現了一個論者獨立的思想見解：例如，對紅極一時的張愛玲蘇青，他既肯定她們的成績，亦不無譏誚的認爲她們「成功的聖經」乃「在男人的短處方面努力」！而對施濟美等「小姐作家」，他給予客觀的評價，肯定她們態度上的單純、努力與熱情，指出其藝術上的單調與不足。他強調思想傾向的向上、積極，因此對湯雪華、張憬等影響不及前者的作家予以較高的評價。這裡我們能感受到五四新文化運動「爲人生」的文學觀念與儒家正統觀念結合的深深烙印，也能體會到一種在絕望現狀中假文藝來指示光明的渴望。而這與他的小說創作亦是一脈相承的。

剛直不阿的人格力量、淵厚豐富的學識，使譚正璧能夠巧妙地繞開評論對象的道德悖論，而針對不同的對象作出不同的判斷：《柳》論基本上是一種純藝術的觀點，《女作家》論則是思想傾向至上了。而這裡也能讓人體會到淪陷區一個正直文人「言」與「不言」的苦衷——如果以「傾向」來談柳雨生，大概作者只能否定了，但這在當時又是不被允許的，所以他選擇了不著一詞，以沉默來表達他無聲的判斷。而總體上說，作者的傾向和愛憎還是非常鮮明的。

四、邱韻鐸、文宗山和南容等

邱韻鐸曾是「創作社」成員，「左聯」成員，1940 年前後，加入袁殊主持的「新中國報」從事抗日地下活動。他是《新中國報・學藝》的主要編者，也是這一副刊的主要雜文作者。應該說，淪陷後，孤島時期的「魯迅風」雜文作家，一部分如柯靈等人不再寫作雜文，而周黎庵文載道等人則捲入「大東亞文學」活動，多清談憶舊之作，也很少寫作雜文，雜文創作呈明顯衰退的勢頭。作爲此期較爲重要的雜文作家，邱韻鐸的雜文，常從平凡小事入手，以自己深厚的思想內涵和豐富的見識進行剖析，既生動平易，又富含哲理，能給人以會心的啓示。他的作品如《面向太陽》、《反「唯有現在」》、《悲劇時代》等，都從不同角度，闡明同一觀點，那就是鼓勵淪陷區人民不要悲觀、不要放棄理想和追求，而應具有積極向上的生活態度。

他的小說主要發表在《雜誌》。筆名「驍夫」發表的短篇《軍人之家》，以一個小男孩的口吻描寫了媽媽和爸爸戰友的微妙感情，不著痕蹟。模仿小孩子的口氣也很到位。而爸爸和叔叔到「武漢」任職，則透露出一絲時代風雲。在這篇小說裏已經顯露出的刻畫心理活動方面的特長，則在其長篇《黃梅青》《風燈》《蒼茫的海》裏得到了淋漓盡致的展現。《黃梅青》是代表作，刻畫一個有心計而美貌的女子「黃梅青」生命的沉浮，其主要內容是：出身低賤的漂亮女子黃梅青，爲了進入上層社會，捨棄了自己的戀人、音樂家林曉峰，嫁給了年老的吳博士，婚後不幾年，吳博士病死，黃梅青繼承了大量遺產，她想要找回失去的愛情，向林曉峰暗送秋波，讓他做自己的音樂教師。小說從黃梅青決心向林曉峰表示愛意開始，一來就對黃梅青此時複雜、猶豫的心理，作了大量刻畫，其層次的豐富、對人物個性把握的細膩和準確，顯出一種大氣磅礴，隱隱有歐洲 19 世紀現實主義作品的影子。

黃梅青在焦灼的等待中卻得到林曉峰冷淡拒絕的短信，失望之際，她又恰認識了另一留美博士劉博士並陷入愛河。不料劉並非眞心愛她，只是爲了騙取她的錢財，最後黃人財兩空，病重入院，這時林曉峰聞訊趕來看她，鼓勵她改弦易轍，振作起來，堅持活下去。這裡雖有一點借人物之口表達自己思想的套路，但是作品並未落入黃梅青幡然悔悟、重新做人的俗套，而是安排了一個開放式的結局，這樣做是合乎人物性格發展的邏輯和現實社會的複雜性的。

作者顯然很熟悉這一類由鄉村入於都市，並憑籍其聰明和美貌迅速都市化的女性，對她們的內心世界也非常瞭解，並點出了她們享樂主義的人生觀：「精神的愉快終究是虛的，非現實的東西，唯有物質的享受才是最實惠的。」「她瞭解人生的短促，她才急切地需要好好地享受自己的青春，……利用自己的青春，誘發他人的愛情，這是享樂人生、執著幸福的最聰敏的人。」

她們迫不及待、不擇手段的要享受青春與生命，愛情與金錢，樣樣都要得到。但是事實並不能如願。黃由窮入富、又由富返貧的人生沉浮，以及林曉峰對她的規勸，說明作者對這種人生觀是持否定態度的。儘管如此，這部作品最大的收穫仍在於它爲我們塑造了這樣一類女性形象，它是眞正都市的產物，其中所昭示的一種嶄新的道德觀、人生價值觀，赤裸裸的個人主義、享樂主義，這正是現代文學史獨一無二的女性形象。同時心理刻畫顯得細緻入微、絲絲入扣，場面描寫則頗富戲劇性，使作品既有深刻的思想性，也非常流利可讀。而人物和環境塑造的眞實有力，也使作者的價值判斷很有說服力。

文宗山的小說主要發表在《萬象》《春秋》。他在此時也有不少作品揭示種種現實問題，比較富於諷刺意味，如《富貴里三十四號》《新上海經》《郝家酒鋪》，都是從身邊瑣事的角度，逼眞地描畫出在經濟、道德各方面均越來越趨於混亂和崩潰的上海社會現實，表示出一種明確的愛憎。《心理變態的女人》《鍍金小姐》，則表現了對所謂「新女性」的諷刺。不過他最重要的作品，是連載於《春秋》的長篇《古城星月夜》，這部作品寫一個鄉村女子如何成爲歌女並一步步都市化的過程。和邱韻鐸的《黃梅青》有異曲同工之處，不同的是他更注重刻畫這個都市化的過程本身，體現了一種新的倫理道德觀正在成爲可能，並肯定了這個女性力求擺脫「永久是在人們的手中過活」的被人支配的命運，按照自己的希望與計劃去生活的態度和努力，不過小說沒有連載完，以後似乎也沒有單行本，所以不知其最後的結局如何。但作者從尊重個人的自由意志的角度對人的都市化持比較肯定的態度，表現了現代都市相比較於農村所具有的個性解放方面的優勢，是一個值得注意的現象。

南容的作品主要發表在《雜誌》，他的《父母子女》《小狗子》等作品，揭示城鄉下層貧民的悲劇，筆端飽含深情，對金錢壓力下父母愛心的淪喪、他們的自私和愚昧做有力的揭露與諷刺。《父母子女》表現父母的愚昧、自私、殘忍，到了有點荒誕的地步；相比之下，《小狗子》正面表現「我」對拾破爛小孩的同情，「我」的一點微薄的幫助與愛成了這個孩子唯一的情感源泉，作品以細膩的筆觸，描寫小孩子對自己的信任、依賴、終於因「我」的離去而失望，最終在貧病無愛中死去，眞可謂力透紙背、感人至深。

邱韻鐸的夫人曾以「靜波」爲筆名，在《雜誌》上連載長篇《漩渦時代》，它以一對平凡夫妻在淪陷以後生活上遭受的巨大打擊，試圖表現淪陷上海社會動蕩和人民苦難，是不多的正面描寫「淪陷」對個人生活改變的作品，可惜的是，小說採取了一個通俗小說常見的「合——分——合」的敘事模式，故事情節太過離奇，「編造」的痕蹟太重；二則是人物的性格發展不合理，心理描寫難以令人信服，這些都大大減少了作品反映現實的眞實和力度。這也從另一個角度說明了，「淪陷」並不能改變一切，對市民心態、生活的揭示不能止於「淪陷」，而應挖掘其更深刻的思想文化根源。

第四章　生命情感的如花綻放和讀書市場的雅化需要——新市民作家（下）

隨著市民讀者受教育程度的提高，他們即使對於作爲消遣的文學作品，也有了更高層次的需求：世俗的欲望敘事和略顯得太嚴肅的道義熱情，讓位於對心靈空間、情感世界的關注；過於直露和簡潔的白描，滿足不了受過高等教育的年輕讀者對於歐化文學、新文學的期待，這樣，一批浸透個人生命情感、從內容到形式都表現出某種「超俗」努力的作品，適應了市場對「高雅」文學的需要，從而形成「商品－市場」文學一道別致的景觀。

作家譚惟翰不論在作品的思想傾向和表現手法上，都體現出市民作家向高雅藝術的靠攏，滲透他作品的感傷抒情氛圍和愛的基調，使之更體現出市民文學與「五四」主觀抒情的浪漫主義文學相結合的特徵；東吳系女作家是一批年輕的女大學生作家，她們的作品集中體現了受過高等教育的一代布爾喬亞新女性的人生選擇和大學生活，以自立和宗教精神，體現出拒絕世俗和對自我道德完善的追求，同時這種帶有古典意味的女性人生在一定程度上又滿足了讀者的唯美要求；張葉舟關注的是人的情感世界、探究人的心靈問題，表現出一種憂憤心態；比較特殊的是沈寂、石琪、郭朋這三個年輕作家，他們以充滿暴力氣息的荒村野地故事的敘寫而令讀者耳目一新，恰好滿足了讀者的趨新渴望。這裡我們也能看出社會市場本身的活力及其創造力，同時它也是一柄雙刃劍：它能把一切心靈的、精神的東西，迅速轉化爲消費品。

一、譚惟翰：世態諷刺與主觀抒情

淪陷時期的譚惟翰是引人注目的，他的作品有短篇小說集《海市吟》、散文集《燈前小語》，他入選雜誌社所編《碧雲天外》和《作家自選集》的小說共有 5 篇，與予且相當。此外尚有連載長篇《夜闌人靜》、《聖女》，電影劇本《笑笑笑》《草木皆兵》，小說《秋之歌》《夜鶯曲》被改編爲電影。作爲市民作家，他有一項罕見的愛好，那就是新詩。他還表現出對文體方面的探索熱情，體現了新市民作家向高雅藝術的靠攏。

作爲予且的門生，譚惟翰的風格傾向與乃師卻有很大的區別，對於人生，他強調「愛」的重要，這是一種廣義的、博大的愛；還有他強烈的抒情氣質，那滲透在作品裏的多愁善感，軟弱而不失正直與坦誠，都使他更接近於「五四」小布爾喬亞文學青年的特徵。與之相區別的是他不僅僅流連於自我狹小的感情世界，而且把這一腔柔和的心腸發散到社會的各個角落，以赤誠的性情文字來展示上海的「人間相」。這正如他翻譯的托爾斯泰的《生之眞諦》，他自己也坦言「做一個幫閒文人我終覺可恥」〔註 1〕「我承認我所受托爾斯太的影響很大。我的小說中似乎隱隱約約含有多少的道德成分」〔註 2〕「五四」以來的人道主義情懷與他「怨而不怒」的個人性情相結合，在溫婉中體現了嚴肅的創作態度，一種入世的關懷。

散文集《燈前小語》，是淪陷上海少見的洋溢著深切的眞性眞情的作品，它以從容蘊籍的筆致，反映了蟄居於淪陷區的青年眞實心境。對如夢的美好過去，他們有回憶、有眷戀、有無奈，對冷酷的現在，他們有怨憤、有譏刺、但更多的還是一顆年輕的心靈對人世的萬般眷戀以及由此生出的萬般惆悵。他們既不絕望也不頹廢，也沒有奮發到脫離這個現實生存的世界，而還是固守著內心這一盞「不夠明亮、色彩也過於淒陰」的「燈」，這盞燈在茫茫的「大霧」中是顯得太微弱了，但他仍表示「我寧可看不見那輝煌的燈火，但我不願失去這小小的一點光，一顆伴著我的星星。」對於這盞「燈」，研究者有精彩的描述：

> 在我們看，這盞燈的現實品格被作者刪削至最低的限度，相反賦予了它以濃鬱的象徵，直然是作者理想深處的寫照，也即是他的心靈的燈光。他雖沒有巴金的那股向著光明、自由的熱力，一如他

〔註 1〕 譚惟翰《海市吟・序》。
〔註 2〕 譚惟翰《〈海市吟〉出版後記》，載 1945 年 1 月《天地》第 15 期。

在《愛爾克的燈光》所表現的。……他不像巴金那樣憑籍信念，他傾心於實感，因爲他寧願一昧的眞實，不願停留在一般的呼號上，爲著他自己，也爲著那個時代追索在迷惘中的青年。〔註3〕

這位研究者亦精確地指出《燈前小語》「是一些藝術化的散文，顯露出某些女性才有的提升性，頗有些直追何其芳《畫夢錄》的意味，然而絕無何其芳的雕琢，樸質使其摒棄了任何的野心。」〔註4〕

這種情調也體現在他的小說中，表現爲一種溫馨的人間情懷：《殘冬》寫的是「我」在走投無路時因心中的「愛」幫助他人而使自己渡過難關，非常感人，給人溫暖的感覺。翻譯托爾斯泰《生之眞諦》，正揭諸其精神的支撐：那就是愛，廣泛的、博大的愛，人類的同情。這是他的體會：「少了金錢，人們的身體不一定會餓死，但失去了愛，我擔保整個的靈魂準會枯滅。」（《鬼》）懷著對人世的這一層理解，同樣是表現淪陷上海的眾生相，譚惟翰的角度和眼光卻與他人不一樣，深切的悲憫和同情使他的作品格調得以提升，基本上擺脫了類似作品殘存的「黑幕」氣息。

他的一些小說揭示社會的不公正不合理現象，《大廈》裏，一方面是宏偉的大廈落成，一方面是工人付出的鮮血與生命，失祜的婦孺慘痛的哭泣：「有多數人消耗自己的血肉在謀生活，又有多數人在吸食別人的血肉。」對工業文明的殘忍作一寫實的刻畫。《笑笑笑》寫市井人家平凡生活，結局出人意料，「笑裏藏悲」，於日常瑣事中給人極端辛酸和荒誕之感，寫盡人世的蒼涼、生存的艱辛。《豐收》寫出了駭人悲慘的下層人物生活之一境，「豐收」的含義實在可驚：「一家五口自殺！——慈善堂意外的豐收！」新文學的人道同情、勞工神聖等主題，在這裡有力地提升了都市人生的凡俗性和故事性。

應該說，就譚惟翰的抒情氣質而言，溫和的諷刺較淋漓盡致的揭示與批判更爲其所擅：《舅舅小傳》，諷刺了公子哥兒的種種可笑滑稽、外強中乾。《面子》是對有錢人的「面子」的諷刺。《一封無法投寄的信》，以一個女子的口吻寫出，意在諷刺一般只顧自己享樂而忘記了他人的人。《榮歸》，是對「新派學生」的絕大諷刺，既有《圍城》中方鴻漸的影子，而其與父母的關係，又令人想起張天翼筆下的《包氏父子》。溫婉柔和的性情，正直的人生態度，

〔註3〕許道明《海派文學論》，第327頁。
〔註4〕同上。

敦厚蘊籍的筆調，使「諷刺」這一筆法在譚惟翰作品裏體現動人的藝術魅力：它不像張天翼諷刺作品的誇張、變形，也沒有錢鍾書作品堆砌、掉書袋的習氣，它是自然的、樸素的，善於從日常生活的瑣碎細節中發現事物的矛盾、可笑處，而且體現出的也不是批判的鋒芒，毋寧說是一絲若有還無的苦笑，一聲深切的歎息。

不過更能展示他多方面才華的，還是那些對女性的生存現狀給予深切揭示和同情的作品，他對下層受損害被侮辱的女性——尤其是舞女——特別關心，以自己的文字，給舞女們留下了富於人道同情的篇章。如果說「舞女」在三十年代穆時英等人的筆下是一個個令人眩惑的人間尤物，那麼在譚惟翰筆下則成了背負著人生重擔的悲情女子。他關注的不再是舞女們美麗、奢侈的外表，而是她們悲慘的內心、被損害與被侮辱的命運。長篇連載《夜闌人靜》，其素材似脫胎於發表於《雜誌》上的短篇《人間相》，都寫為生活所迫，為了所愛的人，年輕女子不得不出賣自己，充當舞女，而愛人的不能理解，使她們的犧牲顯得更可悲。《一個女人的談話》，一個舞女娓娓的談話引出一段傷心史：「人們需要從我身上得到什麼，我都慷慨的給了他們。女人的青春是最寶貴的，舞女的青春卻成了最廉價的：我紅了，但是，我毀了！」這樣的悲涼更彌漫在《鬼》裏：紅舞女被富有的商人娶回家作了姨太太，但是她得不到「愛」，她努力想要充實自己的生活，但是終於敵不過家人的冷眼，她自殺了。她的冤魂被人們當作「鬼」，而作者則把「鬼」的指稱改變為那個一手製造了這不幸女性之死的商人。這些女性固然是被生活的濁流裹挾著，但作者卻對她們給予了對生命本身的憐惜，他清楚地看到了她們豐裕的物質生活下的內心悲劇：她們以自己的肉體從男人那兒換來了「金錢」和「生存」，然而卻失去了「愛」，她們得到了很多，但是最重要的那一個——愛，這支撐生命的最寶貴的東西——卻得不到！譚惟翰筆下的女性大都樸質而富於犧牲精神，最特出的如連載長篇《聖女》，表現一個女子為了愛情忍受著生活的種種不幸，終於窘困而死。這些女子明顯寄託了譚惟翰「愛」的理想和內心的願望，而不同於予且筆下那些深諳這個物質社會的生存法則、並且主動積極地進入社會為女性派定的這一角色的人物。

在某種意義上說，這些女性其實是最合於市民理想的一種女性形象：那就是為了愛情甘願自我犧牲的情懷，她們的「墮落」本身常常是她們最善良之處，她們因為愛情墮落了，但是卻因此永遠地失去了愛情！這樣的女性，最容易引起人們的同情——她們的外在是美麗的、風騷的，內裏是多情的、富於自我犧牲精神的，而命運則是悲慘的。這種女性模式長期存在於我們的傳統文學作品裏：杜十娘、尤三姐、包括好萊塢的《魂斷藍橋》……譚惟翰成功地運用了這一模式，並灌注以對「人」的深切同情和理解，使作品具有強烈的煽情力量。

譚惟翰的小說多以巧合來組織情節，並多以出乎意料的結局，造成強烈的戲劇化特色，《笑笑笑》被改編爲電影劇本後立即上演，以其反映現實的眞實、情調的淒婉、結構的緊湊和懸念的製造，受到歡迎。其他如《鏡的故事》裏那封令男主人公失去理智的信，卻被證實爲一個學生時代的美麗玩笑，《都市小景》中被侮辱的女子竟是自己失散的女兒……都有幾分歐・亨利小說式的結局，但是區別也正在這裡，歐・亨利小說看來是出乎意料，但細想來又在意料之中，這種「出乎意料」將人間相的本質表現得更明徹、更深刻，而譚惟翰的小說更接近於一種戲劇化的「巧合」，凸現了小說離奇的情節，在某種程度上但卻削弱了作品反映現實人性的深度。這增加了譚惟翰小說的通俗特徵——讀者會在更大程度上被作品的外在形式所迷惑，巧合與出乎意料造成的閱讀刺激，減少了作品直抵讀者心靈、感同身受的內心震撼，使讀者始終有一種外在於作品的觀賞感——也可以說，這是一種最適於搬上銀幕和舞臺的小說，它是大眾的傳奇小說，情節的曲折緊張依然是他最重要的美學追求。

但是對這一點，譚惟翰不是沒有突破，特別集中的體現是小說《海市吟》，這個「最不像小說的小說」：它包含「渡頭」、「學府」、「文化人」、「弱者」、「仁術」、「美容院」等 12 篇小小說，意在揭示上海百相，全篇沒有貫穿的情節，每篇的人物和故事各不相同，但是前一篇的結尾場景又成爲後一篇的開頭，像電影一樣用組接的鏡頭來展示，節奏相當活潑，富於動感，是對電影藝術「蒙太奇」畫面切換表現手法的成功移植，從他以此爲自己小說集的名稱，看出他對此作很看重，這體現了譚惟翰不墨守成規、不甘於「自我複製」而追求創新突破、求新求變的精神。

譚惟翰的作品是很講究語言、情節、形式的，它不同於周楞伽那種流利的大白話，也不同於蘇青的自言自語，跟予且的輕倩、丁諦的板直，也都有區別。在譚惟翰的語言中，我們很容易看見屬於五四新文學作品的那種主觀抒情的筆調，同時作者並不一味沉浸在自己的情緒空間，而始終不忘打量這環繞於身的世界，生出淡淡的譏刺，抒情與諷刺，共同構成了譚惟翰小說風格的特色。《鬼》記敘「我」給兩個孩子做家教，描寫環境是：

> 試閉上眼睛想一想，這是一種多麼可愛的情景：我在這裡念著「Two old Men」中兩個老人的對話，她們就在那邊念著：「我說蘇三啦，走著，走著，不走啦！你跪在這兒是祝告天地還是哀告盤用啦？」……

一大段亂鬨鬨唱詞、鑼鼓、對白的引入，逼眞地再現了情境的混亂，使作品有一種令人啼笑皆非的喜劇感，更是對這個家庭的諷刺。但是作者的情感很快就隨那唱白變得悲涼起來了：

> 其實，我心裏難道就沒有一點兒「恨」？不會沒有的，除非我是一塊木頭。不過苦就苦在這裡：我的恨只能隱留在心裏，我不能大聲「一恨……二恨……三恨……四恨……」的喊出來，最多我在私下裏詛咒著：……

抒情筆調的加入，弱化了原有的諷刺意味，而使之帶有濃濃的內心悲涼；同時諷刺也使抒情的主觀性被削弱，具有較強的社會性。他不是那種有著強烈的主觀判斷的作家，也不是那種特別冷靜的作家，他是善感的，同時也是軟弱的，他的判斷不是來自理念，而是來自對自我內心的忠實。和其他市民作家相比，他最無意於展示上海社會的種種情形，而是專注於表現自我的心靈和情緒狀況在外界影響下的起伏與改變，體現了新市民作家由「外」而「內」、由專注於外部生存向心靈世界挺進的趨勢。

二、張葉舟：個人情感世界的探索

張葉舟是淪陷時期新起的作家，其身份是亦文亦商的：辦過雜誌，寫文章，開冷飲室。他的寫作有幾分類似蘇青，即不善於想像，也不善於寫他人，他擅長的是寫自己，且寫得眞情實意，娓娓有情調，這自然不是一流藝術家所爲，但是這種切身的體驗，有實感有眞情，卻留下了淪陷上海個人歷史的寫照。

張葉舟的散文大多寫自己的情感生活及對時局的感慨，與蘇青不同的是多了幾分理想主義的熱情和對內心世界的興趣〔註5〕。《碧雲寺》，回憶北京風

〔註 5〕這亦是淪陷區文學的一個有趣的現象：那就是對於情感題材，女性作家大多顯得疲憊和冷酷，倒是男性作家多幾分眞摯和纏綿。這在以言情內容爲主的

沙彌漫中的碧雲寺；《古剎行》以懷念的筆調，寫他當年與愛人勇敢地自由戀愛，爲避謠言暫居某古剎，在大自然的懷抱裏雙宿雙飛，傳達出一種大膽爽直、堅定不阿的行爲氣概，讀之令人神往；《題碑有記》則懷念自己夭折的愛子，情辭深切感人，字字令人下淚；《宇宙之愛》，寫父子之間的摯愛，由此悟到宇宙自有其情深厚愛存在；《婚後十年》對結婚十年的人生奮鬥——由愛情到追求名譽終至明白金錢重要、而最後又回到「感情」——做一回顧與總結。而最值得注意的則是《小城暮色》和《殘秋時節》，以清麗的筆觸，描寫亂世人的身世之感，是有思想、有深刻感情和時代感的散文。它以清晰的線條勾畫了淪陷區人民的生活一斑，但更著意於痛陳這種現象後包含的人心的矛盾與痛苦，留下的更是一頁頁淪陷區人民的情感史、心史：

> 劫後小城，娛樂的場所增添了不少……並不是佳兆啊！人們在無聊愁悶到某種程度，不得不尋求解脫，到處娛樂場所「客滿」反映出矛盾的生活……上海人的表面生活是美滿的多，他們的安慰，是手可摸到、眼可看到、耳可聽到的；所以我們稱它爲「感覺上的享樂主義」，這些享樂是暫時的，是包有「糖衣」的享樂，要是戳破了外面的糖衣，裏面就要流出生活的苦汁來了！從外表看來，享樂的是上海人，但你們爲什麼不說苦悶的也是上海人呢？……醉生夢死的小城居民啊！我爲你們的無知驕奢哀悼，因爲距離清算的日子近了！……生長在烽火夾縫裏的上海人，要是再不自愛，他們將要成爲落伍的一群了！〔註6〕

在淪陷時期，這樣滲透了現實嚴峻感的作品，並不多見。而小說寫作上，張葉舟也表現出對人物情感世界的探究熱情。不過，張葉舟是非常「本色」的作家，絕對缺乏周楞伽「編」故事的能力，也沒有譚惟翰對小說技巧的純熟運用，他值得注意的是在外國小說的譯介方面所做出的貢獻，那就是「改寫」。這種改寫，和戲劇的「改編熱」相似，都是取外國文學作品的故事框架，其他如人物名稱、地點、對話包括心理活動等等，都完全中國化了，而成爲一個體現了作者的創造個性和中國特色的東西。以這種方式張葉舟改寫了不少

《紫羅蘭》中最爲明顯。其中的原因想來不外兩方面：一方面是當時獨立女性所受到的身心壓力、所承擔的歷史和現實的重負都較男性作家爲重，只好「不談愛情」，另一方面是男性作家的情感不能在傳統的經國大事中得以發抒，轉向私人情感便是一途。

〔註6〕張葉舟《小城暮色》，載1945年3月《紫羅蘭》第18期。

作品，如《奪愛記》、《良心的故事》、《誅恩記》、《叛親記》等等，骨骼簡勁，情節緊湊，以其描寫的有力、心理揭示的深刻取得了良好的效果。不過這種「改寫」也受到爭議和質疑——改寫、抄襲還是翻譯？他在爲自己的辯護中，申明了自己改寫的意圖：

> 爲什麼要「改寫」呢？這是我的偏見：直譯太生硬，意譯太歪曲，並且「外國化」的故事，不合國人的脾胃；中庸的辦法，取「改編」的手段，只選取了它的一個題材，配合以中國化的人物和環境，盡量刪改淘汰原文不合國人之處，也不妨盡量穿插我自己的意見。然後，寫出的作品是介乎「翻譯」與「創作」之間，所以不稱「作」，也不稱「譯」，本想稱它爲「編譯」，但編譯還是譯，不過把各項譯文湊編在一起。而我現在是改頭換面的寫過，甚至是脫胎換骨的將題材重行處理，所以我稱它爲「改寫」。〔註7〕

應該說，張葉舟的「改寫」是非常成功的，他筆下的人物、背景和故事都已經完全中國化了，已經看不出任何「外來」的痕蹟，但是在總體的格調上卻仍存在一些「異樣」，例如《奪愛記》裏那個有著極端的性格的女主人公，嫉妒和獨佔欲這種單一情欲的表現使人物幾乎要突破故事獨立出來，其他幾篇小說也是這樣：以對人物內心世界的深入開掘、對人物精神力度、性格強度的渲染，製造出一種與當時中國的同類小說（寫小人物、人生瑣事）重實際利益、世俗生存不同的氛圍，卻也從精神表現的角度爲這類小說開掘了一個新的空間。

三、反市民趣味的市民作家

一個成熟的讀書市場，必然會對於「新」有著無盡的渴望：新人、新的題材和風格、乃至新的價值取向。東吳系女作家和沉寂等人，恰恰以其個體的生命熱情，以其青春型、反叛性寫作，以反世俗反市民趣味的態度，成爲讀書市場的新寵。

（一）東吳系女作家

東吳系女作家指的是一批就學於東吳大學及東吳大學附中的女學生作家，她們如施濟美、程育眞（著名偵探小說家程小青之女）、練元秀、俞昭明、楊琇珍等，大都出身中等以上的書香門第，家境優裕，曾有「小姐作家」的

〔註7〕《翻譯・鈔襲・改寫——一個『莫須有』的答辯》，載《大眾》第14期。

稱號：「她們都是上海的摩登小姐，我不敢拿『儉樸刻苦』來恭維她們，然而我敢大膽地說他們都是勇敢正直的有爲青年。」〔註8〕在譚正璧編選的《當代女作家小說選・序言》裏，他更將她們稱爲「上帝的兒女」和「象牙塔」中的一群，從這些稱呼本身我們可以大致想像出這些作家的情形。

「小姐作家」的成名，可說是「商品－市場」傳統下一次成功的行動：作爲二十出頭、尙未走出少女幻夢的年輕作家，她們的作品大多取材於當時尙屬稀罕的女大學生生活，表現校園愛情、友情的悲喜交集和少女對事業、婚姻的想像與恐懼，基本上是典型的「身邊文學」，給歷驗豐富的人看來未免狹隘，文筆的稚嫩，也使這些作品還存幾分「習作」氣〔註9〕。其成名一則與畢業於東吳大學的老作家胡山源的鼓勵和幫助相關，一則與編輯的欣賞有關：胡山源此時致力於雅俗文學的融合，這在她們的作品裏部分得到體現；而筆調的清新流利、故事的美麗纏綿、情感的柔婉乾淨，以及對大學生活這一空白地帶的表現，則使她們得到了一些具有唯美傾向且頗有影響力的編者如陳蝶衣、周瘦鵑的大力讚賞，《萬歲》、《萬象》都推出過「女作家特輯」，《紫羅蘭》、《春秋》更爲女作家們提供了半壁江山。雜誌的有意推動，再加上「小姐作家」這一稱謂本身對市民讀者的感召力〔註10〕，她們在當時的活躍，使我們可以清晰地看見現代讀書市場非文學因素對文學作品的滲透和影響。但是她們體現出的重自我而排斥外界、張精神而輕肉欲的思想傾向，卻和重視感官和世俗生存的市民趣味大相徑庭，如對感官享受、世俗幸福的擯棄，以及對自我犧牲、懺悔精神的渲染。而且必須注意到，這是她們在相對自由的環境中所做出的自主選擇，是出於理想者的潔癖和少女的自衛本能而採取的對俗世人生的拒絕姿態，這又集中地體現在對愛情、婚姻、家庭這些爲歷來女性最重視的東西的拒絕上，體現出禁欲主義的特點。應該說這種選擇深深打上了個人和時代的印記，而與封建的婦女觀相區別。

以施濟美、俞昭明爲代表的一部分作家，她們以「人生的事業」，來拒絕

〔註8〕梅嵐影《小姐作家》，載1944年《春秋》第1卷第8期。

〔註9〕其中的不少作家如施濟美，都是在抗戰結束後方進入其創作的黃金時代的。

〔註10〕對女作家推薦最力的陳蝶衣、周瘦鵑，除了在「編輯室」、「寫在紫羅蘭前頭」裏以文字對其作鄭重的介紹，還在雜誌的圖片頁刊出她們的照片，以年輕貌美爲其作品增光添彩，又刊出如《小姐作家》、《女作家書簡》這類文字，使讀者增加對他們的瞭解、密切二者的關係，聯繫當代文學現狀，是否有幾分類似於今天「美女作家」的走紅？

「世俗的愛情」，這樣的句子比比皆是：「快樂在不停的工作裏，……這一串芳香的日子，不可以將莊嚴的志願忘懷。」〔註 11〕「將熱情寄託在嚴肅的工作上，不比浪費在溫馨的甜夢裏更好麼？」〔註 12〕應該說，她們也許不具有改變現實的勇氣，卻並不缺乏獨善其身身的決心：當我們一旦穿透她們的錦綉文字、似水柔情，那些散佈在她們的作品裏、阻礙著她們去追求幸福和愛情的朦朧的陰影就會明晰起來：那就是她們對現社會女子戀愛——結婚——家庭的庸常的人生軌蹟，有深深的恐懼：施濟美的不少小說，都以朋友、同學在婚前婚後的對比，反覆表達著婚姻是女子墳墓的觀點，小說《小不點兒》、《暖室裏的薔薇》題旨大致相似，都表示對美麗聰明極有才華的女同學因結婚而銷聲匿蹟的惋惜：「她終將老在這錦綉小天地裏了。」「先開的花兒所以也先謝。」「那驚才、那絕豔，那奪人的聰明與智慧，都平靜的在人生之流裏無聲無息的流了過去。……我該爲她祝福呢？還是爲她傷感呢？」婚姻與女性的幸福尖銳的對立，看來這種思想在當時不少作品裏都有所反映，聯想張愛玲的一句戲言：最恨：一個有天分的女子忽然結了婚！可見這一代受過高等教育的女性對「鍋臺轉」的傳統女性命運的恐懼，有多麼深了！

她們已經完全沒有同時代的新市民作家蘇青對於「性愛」對於「婚姻家庭」，那樣矛盾、複雜、欲棄難捨的情感。她們的作品反映了傳統女性婚後隱匿於家庭、在丈夫孩子和家務中消磨了「驚才與絕豔」、這樣一齣齣生命的浪費、無聲而酷烈的悲劇。她們是驕傲的，決心反抗這一命運，但她們究竟也是柔弱的，爲了擺脫這一宿命，她們連帶地犧牲了愛情。她們對愛情對男子持不信任的、遊戲的態度，寧可將感情寄託於親情、友情、工作，也不願寄託於愛情。愛情往往成爲女性不幸命運的肇始者。它質疑了五四時視自由戀愛爲女性解放途徑的浪漫主義想像，同時卻回答了「娜拉出走後怎麼辦」的問題，那就是投身事業，作一個獨立的、自食其力的職業女性，這是女性追求自我的獨立自由在新的情勢下的新發展，事實上，這幾乎是 40 年代淪陷區新女性具有代表性的選擇：無論是蘇青不得已地離開家庭、成爲文界「女強人」、張愛玲的「賣文爲生、做自食其力的小市民」，還是這批「小姐作家」的選擇，都表現了這一傾向。但我們也要看到這些作品之所以能夠獲得市民讀者的青睞，更多在於讀者對於女性、尤其是尚屬「另類」的知識女性人生

〔註 11〕施濟美《永久的蜜月》，載《紫羅蘭》第 3 期。
〔註 12〕施濟美《一個落花時節的夢》，載《紫羅蘭》第 5 期。

的興趣。

而以楊琇珍、程育眞等爲代表的另一類「小姐作家」，則較少前者對女性人生的切實的體會，而是以強烈的宗教意識爲思想依憑：她們以「博愛」的情懷，自我犧牲的精神，來放棄世俗的愛情，「世界缺少愛，那麼你應該把你的愛獻給世界……因爲黑夜已深白晝將至（聖經）」〔註13〕楊琇珍的作品如《廬山之霧》、《藍色的多瑙河》等，大都寫一個多情的少女或一對多情的男女，爲了愛者的幸福而不恤犧牲自己；程育眞的作品較多，視野也更開闊，她是把宗教的博愛平等思想，作爲救世良方來應用的，體現出了一種對社會的責任意識，她的作品，強調了以「愛」來對抗黑暗、保有內心的純潔，並以「愛」來對待世人，抑惡揚善。她還有一些作品歌頌純潔美好的愛情，體現了作家對理想愛的嚮往，這再一次說明了，她們的禁欲思想，乃因爲她們已隱然意識到「情欲」對女性、對人性的桎梏與傷害，這一點，在張愛玲的作品裏有更透徹的表現。然而拒絕傷害，卻也意味著拒絕生命的神奇贈與，這使她們自尊自愛得近乎自戀，而難以做出更大的突破和發展。

東吳系的另一位女作家湯雪華的小說作品，在取材、風格、意旨方面，則與之不同，她很少流連於自我的小天地，而致力於表現大「社會」的一角，這就是都市女性人生。她將「五四」以來的進步啓蒙意識與都市社會人生世相結合，對都市人的「利己個人主義」表現出十足的審視和批判的意味，一種諷刺的筆調在她手中用得滾瓜爛熟，很有幾分英國小說家簡・奧斯汀的風味：《死灰》從生理和心理的角度，描寫一位「獻身」事業的半老徐娘「死灰復燃」式的性騷動，她的悲哀與尷尬，是對施濟美式的「獨身+事業」理想一個嘲諷的但是現實的對照；《轉變》則諷刺一個在物質欲望與精神需求之間動搖不定的女子，由此深切地見出「物質」對女性人生的滲透；相似的有《猶豫》，筆調輕鬆，「寫一位時代女兒的擇偶，既要誠懇，又要活潑；既要才貌好，又要金錢多，魚與熊掌，勢難兼得，於是徘徊瞻顧，猶豫不決起來」〔註14〕。在一些作品裏，湯雪華更明確和尖銳地批判了這種「利己的個人主義」：「凡將自己的快樂建築在別人的痛苦上的人，應該毀滅！」〔註15〕「高貴的小姐啊！你有滿房漂亮的東西裝扮身體，竟不夠奢侈，還要撕碎了

〔註13〕程育眞《笑》，載《紫羅蘭》第7期。

〔註14〕周瘦鵑《寫作紫羅蘭前頭》，載《紫羅蘭》第6期。

〔註15〕湯雪華《快樂與痛苦》，載《大眾》第32期。

別人的靈魂來裝飾你自己的靈魂！」〔註 16〕而在《神秘的髮網》裏，道德熱情的滲透，使作品散發出特殊的人性厚度和懺悔的力度。它套用了一種神秘故事的格式，以層層揭密的手法，引出一段沉睡多年的人生歷史：一個歸國探親的洋學生，在偶然的機會裏，以「法蘭西」的浪漫手段，成功地勾引了一個美麗嫻雅的中國少婦，但不久他厭倦了，他向她道再見，「謝謝你這一個星期解了我不少寂寞」！並且未曾理會她的驚愕，冷淡地離開了她，這段豔遇，就像他經歷過的無數豔遇一樣，很快在他的心中淡忘了，因爲他是在法蘭西的薰風裏成熟的，這個浪漫的文明教給他，「戀愛不是人生的義務，是人生的享受，像醇酒一樣美味而又帶些刺激性的享受」！他淡忘了這一切；但是，對於那個古老中國的女子，卻是她一生中惟一的愛情，她爲這段情而瘋狂，害死了自己的丈夫，最後在極度的癲狂中自殺身亡。很多年過去了，出於極偶然的原因，他知道了這一切，這件可怕的事將他三十餘年來的美好生活全部毀了，「他拋下三十年中獲得的榮譽，地位，和幸福，孤獨地隱居到這個無人認識他的小城小鎮。從此每個寂靜的黃昏，他用沉痛的眼淚，跪在那小小的髮網前低頭懺悔。」當「我」對他的行爲表示不解時，他悲愴地說：

因爲我並未親手殺人，所以我瞞過了嚴明法律，瞞過了世人耳目。然而孩子，……我不能瞞過自己的良心！……

在這裡，「癲狂」和「懺悔」分別喻示男性和女性在「縱欲」後的不同結果，然而同樣都在表達著情感的力度和它可怕的堅執。在這裡，脫離情感和責任意識的「性」與其說是愛的昇華、不如說是愛的劫難、人性的劫難。作品通過對人物心靈痛苦的富有層次的揭示，顯然增加了這類都市奇情題材作品的情感力度和內在厚度。

與之相似的有「小珞」（又叫湯小珞、東方小珞）〔註 17〕，她的作品揭示都市人情世態，詼諧、諷刺、活潑而老辣。其中《郭老太爺的煩悶》描寫男人的性心理，鞭闢入裏；《煩惱絲》是一篇更傑出的作品，構思巧妙，結構綿密緊湊，描寫細緻精當，從「頭髮」之小，見證舊式婦女無聊瑣碎的一生：

〔註 16〕湯雪華《薔薇的悲劇》，載於《春秋》。

〔註 17〕「小珞」大概即是湯雪華：一則二者風格題旨如出一轍，二則有一個明顯的暗示，即周瘦鵑在第 8 期《寫在紫羅蘭前頭》裏的介紹：「《郭老太爺的煩悶》的作者，並不是文壇新人，而是一位多產的名作家。胡山源兄把此稿交來時，在題目下代署『小珞』二字。……」由於湯雪華是胡山源寄女，她的作品常由胡山源推薦發表，據此幾乎可斷定「小珞」即湯雪華。

如果硬要在莫太太璨如錦綉的生命史上找出一點瑕斑，倒也有的，那就是說：莫太太的一生中，也曾爲了一件事惱過，歎過，笑過，哭過，操心過，忙碌過，……而且直到現在，她還是惱著，歎著，笑著，哭著，操心著，忙碌著，……

這是什麼呢？恐怕每個同莫太太一般幸福的太太們都有的吧？是一篇可歌可泣的「髮的歷史」——〔註18〕

這一頭「煩惱絲」，包含了盡量多的內容：那對於頭髮令人歎爲觀止的豐富知識、由髮式髮型的變遷中投射出的社會時代的風雲歷史，於微細處寫出了女性的意識如何被一步步建構：女性是怎樣被放逐於歷史和社會之外，她們的生命力、創造力、美感怎樣被壓縮到這樣一個狹窄的世界，表面的熱鬧下，是無盡的空虛、空虛的空虛……生命的可驚的浪費，不再通過任何說教來傳達，而在「頭髮」這一意象中得到形象的體現。可以說，通過對世俗人生的批判，通過「超俗」來滿足一部分具有個人覺醒意識的讀者的心理需求，也提升了市民文學的格調，並逐步逼近了張愛玲筆下的市民小說。

（二）沈寂、郭朋、石琪

同樣以對市民趣味的反叛而獲得成功的，有沈寂、郭朋、石琪這三位好友，他們在淪陷上海文壇可謂一支異軍突起的「黑馬」，這是一批風格殊異的作家，他們將左翼作品揭示黑暗面、讚美反抗精神的特點，糅入了海派作品重感官刺激、求「新」求「異」的質素，並承繼了古典小說富於想像力的「俠義傳奇」模式，從而創造了這樣一批與流行趣味大相徑庭的作品。他們的眼光並未局限於上海一隅，而投向了原始鄉野，投向了在飢餓、病疫、愚昧、迷信和宗法制下掙扎於死亡線下的鄉野人民。在他們這裡，新文學直面社會人生的嚴肅，和對大自然剽悍粗野氣息的迷戀相聯繫；「反抗絕望」的精神，體現爲猙獰暢快的生存鬥爭，有一種暴力主義的氣息。

沈寂的《大荒天》寫的是淪陷區大旱、人民異子而食的慘劇，《土酋婆婆》渲染了瘟疫流行、死屍遍野的恐怖；《大草澤的獷悍》寫的是盜墓者的自相殘殺；《被玩弄者的報復》則寫一個「戲子」不堪愛人被霸佔的屈辱而與之同歸於盡；《鬼》中的女子被族人強暴反被污蔑，不得不扮「鬼」以獲得生存；《紅燈籠》裏，被迫裝神弄鬼的「大仙」眼睜睜看著自己的兒子重病而死；《沙汀

〔註18〕小珞《煩惱絲》，載《春秋》第1卷第8期。

上》走投無路的貧民，只能裝鬼來嚇退討債者，《王大少》則是一個鴉片煙鬼，雖生已死……上面列舉的這部分作品，都充滿了殺戮、死亡的血腥氣和森然的鬼氣，人的神經緊張到極點，便產生了一種奇異的效果，那就是駭然的、欲哭反笑的幽默，這是眞正的人間地獄，人們除了死亡，只有做鬼，「太平世人鬼分離，亂世裏人鬼雜陳」，以此曲折傳達出淪陷區人民鬱悶窒息的生存現實。鬼故事在新文學作家筆下，並非沒有表現，魯迅欣賞的「女弔」，包括他在《野草》系列中流露出來的殊異氣息，讀者當還記憶猶新；他影響下的一批鄉土文學作家，許欽文的《鬼白》，借一個冤鬼之口，直接控訴製造白色恐怖的魑魅魍魎，《冥婚》寫爲死去的子女在陰間成婚的故事，在濃重的鬼氣中表現了對封建迷信思想的揭露和批判。鬼事於淪陷時期尤多：以「鬼」命名的作品，便有不少，張愛玲的「鬼氣」，早爲論者所注意，曹七巧等一系列是人實「鬼」相，已成爲不滅的藝術形象。而沈寂筆下的「鬼」，基本上出自藝術的想像和虛構，而非實際生活體驗，這就使「鬼」成了沈寂對於處在「言與不言」的兩難境地的淪陷區現實的一種主觀的把握方式〔註 19〕，傳達出了他對變態人性、畸形人生的直觀的印象，它是直接作用於人的感官的，造成激烈鮮明的感官刺激，從「寫實」走向了主觀變形的地步，使人們對「人鬼雜陳」的現實有深切的認識，也具有更強烈的藝術感染力。

郭朋和石琪，則更多展現了異鄉、邊陲的奇異風情。對權勢者的憎惡和對小人物的同情，尤其是對於封建蒙昧狀態的渲染，是他們創作的主調。和沈寂相比，他們對自己所寫的生活要多一些實際的感受，都較富諷刺和幽默的才能，《喜臨門》活畫出一個勢利、自私、專橫、兇殘的「丁太太」在兒子婚禮前令人作嘔的一幕，《守財奴》是鄉間土財主的逼眞而辛辣的刻畫，「吃餃子」一段尤令人捧腹，結尾處寫守財奴在路上拾撿被自己盛怒之下倒掉的餃子，有入木三分的妙處；郭朋的《無後爲大》是鄉間一齣因爲封建思想硬要給傻子娶親的鬧劇。《小城一角》寫小城一班有權有勢有閒的太太召開婦女協會，活畫出這些寄生者們的無知與可笑。

他們的作品都充滿了對一種毫不妥協的執拗個性的讚美：石琪《浪迹草》寫一個醜婦對愛情的癡望，她極端的性格，使這個作品充滿了悲劇色彩，她也因爲性格上的有力而有了幾分光彩。郭朋《一個英雄的故事》，則對一個被送進公館的「野孩子」的放肆反抗甚至邪惡的行爲表示嘉許，流露出對一種

〔註 19〕可參見錢理群《「言」與「不言」之間》中的內容。

與城市教化呈鮮明對比的原始強力生命的嚮往，和對「反抗」本身的肯定；他的成名作《鹽巴客》，描寫一支馬幫歷盡艱難、由四川向雲南偷運私鹽的故事，一路上與官、匪發生衝突，馬幫成員或死或傷，抵達時，幸存者已無歡樂可言。結尾寫人們買到鹽巴時，不會想到雪白的鹽巴裏包含著的點點血滴，他們的讚美「多好的鹽巴」，更增添了作品淒慘苦楚的氣息。

他們是形影不離的好朋友，曾經合寫過《撈金印》，這是一個血腥殘酷的故事，而主人公爲了替弱小者抱不平、赤手探油鍋「撈金印」的俠肝義膽亦躍然紙上。應該說，他們的作品有一個共同的傾向，那就是對「鬥爭」的熱情。他們塑造了不少具有俠義傳奇性的人物，寄予了作者對現實生存的反抗情緒。

這三位作家，在充斥文壇的表現都會言情生活的軟性文字之外，開闢了一個蠻荒粗野的空間，帶來了一種獷悍傳奇性的審美情調。他們幾乎是故意的破壞「優雅」與「和諧」，以可以稱得上粗暴的文字，肆意地表達內心如火焚身的壓抑和反抗。和東吳系女作家對世俗人生和感官幸福的拒絕一致，他們對市民趣味毫不妥協的反對，在客觀上滿足了淪陷上海讀書界的「求新」和高雅化的願望，這也體現了「商品－市場」傳統的強大的包容力和活力。

第五章　「商品－市場」傳統下文學能夠走多遠——張愛玲

作爲新市民作家中最傑出的一位，張愛玲標誌著淪陷上海文學在「商品－市場」傳統下所能達到的頂峰。作爲深受五四新文學影響的女作家，她卻一直有意識地擺脫新文學過於明確的思想性、功利性，注意讀書市場的種種情調，以「賣文爲生」的「小市民」自詡。在文學作品商品化、市場化爲她提供的相對自由的創作心態裏，她可以安心形成自己的風格。這個年僅 20 餘歲的女子，因爲《紫羅蘭》主編周瘦鵑的賞識得以迅速躋身文壇，又獲得了柯靈主編的新文學雜誌《萬象》的重視，但張愛玲與之關係最爲密切的還數地位更爲重要的《雜誌》。即使在淪陷當時，張愛玲便已具有這樣的一種魅力，不論「新舊」、「左右」、「正邪」、「雅俗」……都樂於將張愛玲視爲己類：周瘦鵑看出《沉香屑》裏《紅樓夢》的影子，傅雷覺得《金鎖記》可與魯迅的《狂人日記》媲美；堅持新文藝立場的《萬象》對其推崇備至，而「大東亞文學者大會」亦向張愛玲發出邀請……不過，我在這裡最關心的是：作爲一個具有自覺審美衝動的作家，張愛玲創造了關於淪陷上海一些重要而獨特的現象——現代和傳統、「日常生活永久人性」、戰爭都市和個人——的一種想像力，賦予其細膩、穩定的形式感，並將之上升到審美的、哲學的層次，創建了一個屬於自己的獨特的美學空間，將淪陷上海文學的品質提升了一個層次。

我們也應注意到，儘管一再嘲笑所謂「新文藝濫調」，但是張愛玲之能夠超出其同代作家，很大程度上還在於新文學審美－獨創傳統的滲透，這使她對於市民人生具有一種屬於個體獨特的審視態度，這種批判、審視的眼光，正是新市民作家最薄弱的。同時我們也應看到，由於張愛玲主觀上以不問政治的態度，極力向「商品－市場」靠攏，對審美－獨創傳統則排斥、疏離、壓制，導致了她創作上的滑坡與停滯不前、自我重複，而妨礙其取得更大的成就——新市民作家取得成功的一大原因正在於他們善於吸收，將「五四」以來各種尚屬先鋒的主題思想和表現手法俗化了，但是如果完全被市場左右而過於壓制文學的先鋒性格、試驗性格，則將從整體上使文學成爲無源之水、無本之木，喪失其蓬勃生機和探索性質。

一、「傳統」與「現代」

新舊雜陳、亦新亦舊，是新市民作家的一大特色。張愛玲的不同凡響之處，是她理解到這個「新舊雜陳」的現實乃在於所謂「傳統」、「現代」在本質上的不可分割，並提供這一對概念以個人化的理解和認識：

正如一些論者已經指出，張愛玲和現代不少大家一樣，「反封建」是他們的題中應有之義〔註1〕。然而，從舊家庭裏走出來，舊的一切，可以說已經潛移默化地在自己體內生了根，成了自己的一部分。儘管明言自己「看不起」父親家裏的一切，我們卻發現張愛玲受那個父親的家的影響恐怕是更深層的：她對「小報」、「章回小說」的眷眷之情，得力於古詩詞的那種字句錘鍊的功力，都在創作裏打下了深深的印記。而且，這個家在她的筆下是更帶感情色彩的——「直到現在，大疊的小報仍然給我一種回家的感覺」，即便這些體驗是驚愕、是痛切……，一切不愉快的，卻仍然能夠激發她感情，甚至包括父親家那種正在「沉下去」的敗壞氣氛，都成爲籠罩其一生精神的陰影；寫到母親時卻不一樣了，母親是清高向上的，合理的，是她理想的家，但是這一切卻是犧牲對子女的愛爲代價的，因此這裡沒有多少感情的流露，母親、母親的家、母親的一切給予她的是生疏的、惶惑的、不合身的……事實上如果細心的看看張愛玲那些不多的涉及自己家庭的文字，並做一個對比，我們會發現張愛玲對她的父親比對她的母親要感覺親切得多、也深切得多。

籍物質文明的豐富合理而使張愛玲傾慕不已的這個「現代」，並不能成爲

〔註1〕如王劍叢《張愛玲上海時期小說創作述評》，《人大複印資料．中國現代、當代文學研究》1988年第7期。

張愛玲的情感寄託和心靈皈依。她對於「現代」的感情就如她對於「傳統」一樣複雜。她對於「傳統」是恨但是充滿了回顧之情，而對於「現代」她是嚮往但終於覺得「隔膜」。讀她的作品，很明顯的，一寫到舊家庭裏的種種，什麼「雕花的鏡子」、「紅木傢具」、「胡琴」什麼「銀粉缸」、「花盆」、「如意」空氣就好像格外濃稠，層層壓下來，壓抑、鬱悶、鈍痛，讓人喘不過氣來，卻是歷歷如在眼前，具有極強的藝術美感和感染力；但是一寫到所謂新派的東西，空氣就一下子稀薄了，過於清新，簡直有些寡淡寒素，冷冷的，像一切的金屬，發出藍光。濃墨重彩忽然轉爲素描，雖說也是一種風格，但是究竟沒有前者那種美，震撼人心的、悲哀的美。可以說，沒有《年輕的時候》、《鴻鸞喜》、《心經》、《等》……，張愛玲還是張愛玲；但是我們能夠想像沒有《金鎖記》、《傾城之戀》、《沉香屑——第一爐香》、《茉莉香片》的張愛玲麼？

出於對舊式家庭的深切體驗，她塑造得最見功力的都是那些有著舊文化背景、承載著傳統重負的人；她編織得最生動、最深刻的，也是那些發生在舊家庭內部的故事。對於「現代」，張愛玲有一種疑懼的心理，因爲她看得太清楚，一切「新」，都是從「舊」中蛻化出來的，她看見的「現代中國人」，只是享用著方便的物質文明手段、但是仍然活在舊的思想和行爲方式中——佟振保就是一個絕好的例子。

我們當還記得她著名的《傳奇》封面，那個突兀的、像鬼魂一般出現的、比例不對的「現代人」，她臉孔沒有五官，只是一片混沌的灰白。這個畫像，形象地展示了包括張愛玲在內的一代中國人對於「現代」的心理感受：這個突兀地進入我們的生活和歷史的、面目不清的「現代」，眞像是一個夢魘。而與之成爲對比的，「傳統」是多麼明晰、親切：骨牌、奶媽、晚飯後的幽幽的氛圍……

可以說，與其說張愛玲對「現代」有什麼確信，不如說「現代」最大的意義乃在於：她憑籍這個未成型的東西，獲得了一種對於「傳統」的審視姿態和對它說「不」的能力。

張愛玲的小說和散文傳達出這樣一種信息：她熱愛的是一種成熟的、可以說成熟到腐敗氣息的東西；她的智慧和世故，使她不輕信任何新鮮事物，她不是那種對未來充滿希望和憧憬的浪漫派、青春派作家，相反，她最大的努力是抓住現在、思考現在、享用現在，這也是她的氣質。這固然還與張愛玲的身世有關，作爲顯赫一時的貴族後裔，她注定的命運是只能追憶當時的繁華，對她來說，時間的每一分秒的流逝，都不是指向一個光明的未來，而是越來越遠離昔日的榮華；戰爭更打破了青年張愛玲一些較爲遠大的設計和理想，所以她會說出這樣的話：「出名要趁早呀」，因爲「個人即使等得及，時代是倉促的」。一連串的敗壞哺育了張愛玲的人生意識，只有看得見、抓得著的一點東西是可信的、自己的。

所以，對這個尚屬稚嫩、不完善的新鮮事物的「現代」，張愛玲沒有法子像其他一些現代作家一樣，充滿讚美、嚮往，她不是進化論者，也不相信後來者一定勝過現在，更不相信會有一個完美的前景在等待人們。她感覺到的只是倉促，「已經在破壞之中，還有更大的破壞要來。」「人是生活於一個時代裏的，可是這時代卻在影子似的沉沒下去」；所以，「如果我愛用的一個詞是『蒼涼』，那是因爲思想背景裏有這惘惘的威脅」。

那這個威脅是什麼呢？它就是暗藏於人性深處的永恒性的黑暗癲狂與矛盾悖謬。人性的黑暗癲狂和矛盾悖謬解構了「現代」所要求於人的功利性、理性品質，從根子上使現代人的理性努力——那種極力關注個人現實生存幸福和世俗利益的理性努力——注定遭受毀滅的命運。

她筆下的人物，大多在作品開始時，充滿了求生存求發展的欲望和把握自己人生的自信：《沉香屑——第一爐香》中的葛薇龍爲了留在香港繼續念書而投奔姑媽，並且雖目睹了姑媽的荒淫生活，仍以爲自己能夠出淤泥而不染、不受影響、不損清白；《第二爐香》中的羅傑開車迎接新娘，心裏充滿了對未來生活的憧憬和對妻子的熱情；《心經》中的小寒自認爲打敗了母親、又控制了父親和龔海立的愛情；《金鎖記》中的曹七巧以爲能夠緊緊抓住她生命之最重要的東西：金錢和子女；《紅玫瑰與白玫瑰》中的振保，一心要建立一個屬於他自己的、「正確」的世界；《殷寶灩送花樓會》中的殷寶灩以爲牢牢獲得了羅潛之全部的愛情……和所有的普通人一樣，他們沒有大目標，但對於自己眼前的人生，全都是有算計、有規劃、有行動的，支持他們的就是這種自信和欲望：生存欲，這正是海派小市民思想中最本質的一點。

但是隨著作品的發展，我們發現這一切都被打破了，他們所經歷的一切，全是「事與願違」的，他們的自信一步一步喪失了，他們的欲望一點一點縮小了，正是她說的「怯怯的、縮小又縮小的願望」，令人感到有「無限的慘傷」。

他們被什麼打敗了呢？沒有別的，乃是他們自己，乃是他們自己那與生俱來的情欲。因爲這個情欲，葛薇龍不能抵抗姑媽的生活方式的誘惑、不能抵抗浪蕩公子喬琪喬的誘惑，而一步步走向了墮落、走向了和她的初衷全不相同的交際花生涯；羅傑的婚禮也因此成了一齣噩夢，導致他走向自殺的極端；曹七巧爲了她花費十年的心血等來的幾個錢，拒絕了她愛著的季澤，她以爲她能管住自己，但是她管不住自己的情欲，受到扼殺的情欲逼瘋了她，連帶的毀了她身邊的人；振保捨棄性感的嬌蕊，娶了一個符合他理想的妻子，但是情欲終於使他做不成好人、也毀了他的「正確」的世界；羅潛之的夫人居然懷了孕，這就徹底毀了殷寶灩的愛情……

對情欲的揭示顯然構成了張愛玲小說最動人心魄的部分，它是對人物主觀意志和個人野心的一次出乎意料之外的冷酷嘲弄。但是張愛玲所要表述的顯然不是對於情欲的厭惡和否定，毋寧說她深切歎息的，是人們生活在自己的情欲中，卻對情欲的力量知之甚少，他們在一種「蒙蔽」的狀態中，而過於樂觀自信，將一切事情看得太簡單、他們只知道自己有意志，卻不知道自己還是一個人，一個有血有肉、有情有欲、軟弱動搖、會發瘋、會墮落、會死亡的「人」！自己有可能變得連自己都不敢承認地匪夷所思、做出自己難以置信的事！張愛玲以直面人性的勇氣嘲諷了他們、打擊了他們，但是她的本心，卻是「若知其情、哀矜而無喜」的。

應該說，張愛玲嘲諷的不是人的情欲，更是人在不瞭解自身和自身處境的蒙昧狀態下的盲目自信。她的所有作品，幾乎都在這個問題上做文章，她讓人面對自身生命最黑暗、最不可理喻、也是最狂暴蠻橫的力量，它既是生命的動力，是一切創造的根由，卻也可以成爲最不可測的災難，最深刻的傷害。人性的凡庸和污濁、生命的殘酷和脆弱，這些「陰暗」的東西，似乎最能吸引張愛玲的注意力。

這正是張愛玲作品的雙重性：表面看是對市民生活的津津樂道，但滿溢其中的卻是情欲的不可測、人性的盲目、人生的殘酷，它們構成了對市民生活信念的一次又一次的重大打擊。千瘡百孔的現代婚姻、愛情、人生，是一切理想者遲早要碰到的一個必然的現實。張愛玲要說的是，無論「傳統」還是「現代」，改變的只是生活方式，而承擔者仍然是那一個人，那個貫穿著「永久人性」的人。它這樣從深層解構了那種將傳統和現代視爲對立的、截然分開的兩極的思想觀念，並對一切樂觀的烏托邦理想表示陰沉的質疑。

二、參差的對照和意象化文本

如何賦予這個傳統中有現代、現代中有傳統的「現實中國」以形式感，如何以自己耳熟能詳的中國文字和小說構造，來傳達這種尙屬新鮮的和不確定的東西？張愛玲的確做出了天才的貢獻：

（一）參差的對照

爲回應傅雷在他那篇《論張愛玲的小說》中對自己的批評，張愛玲寫了一篇反駁性的《自己的文章》，文中將「參差的對照」作爲自己的美學原則提出。這裡體現了張愛玲與左派作家在思想方式上的根本區別。

《自己的文章》是作爲作家的張愛玲，對自己寫作的一次正面發言。她不斷強調這樣做是爲了「眞實」：「我喜歡參差的對照的寫法，因爲它是較近事實的。」「我知道人們急於要求完成，不然就要求刺激來滿足自己都好。他們對於僅僅是啓示，似乎不耐煩。但我還是只能這樣寫。我以爲這樣寫是更眞實的。」「我只求自己能夠寫得眞實些。」

張愛玲非常注重「眞實」：她生活的這個時代，「舊的東西在崩壞，新的在滋長中，但在時代的高潮來到之前，斬釘截鐵的事物不過是例外。」她要寫出這個新舊摻雜、傳統與現代並存的時代的眞實；她要寫出這個這個時代的廣大的負荷者——現代人在「虛僞之中有眞實，浮華之中有素樸」的眞實。

參差的對照，是她選擇的最能體現這種「眞實」的表達手法。

一種表達不僅是一種表達，不僅是一個「怎麼寫」的問題，從深層講，它還是一種思維的方式，一種觀察和切入現實、理解現實的方式。「五四」以來新文學有浪漫主義和現實主義兩大潮流，還有未成氣候的現代主義，穩占主導地位的現實主義在它的倡導者如陳獨秀、茅盾那裡，都顯然表現出一種濃厚的倫理興趣：它能夠激勵作家和讀者系統地觀察廣闊的社會歷史運動。到革命文學興起後，文學觀察、反映現實的客觀性漸漸被自身「立場」的科學、正確所取代，文學考慮得更多的不是如何建立與外部現實的等同性關係，而是指引和推進現實〔註2〕。於是強調作家的思想觀念和立場的科學正確，也即是否合乎「辯證唯物主義」，變成了比表現現實本身更重要和迫切

〔註2〕〔美〕安敏成《現實主義的限制——革命時代的中國小說》，第2章《血與淚的文學——五四現實主義文學理論》，姜濤譯，江蘇人民出版社，2001年。

的事件。

張愛玲肯定是不滿足於這種「現實主義」的，在她看來，它僅是表現了作家觀念中的現實，是把豐富多彩、有多種發展可能的「現實」人爲地抹煞了，它在爲人們揭示一種發展可能的時候，卻使人們失去了對這一種可能性的反思，並且掩蓋了其他的多種可能。因此張愛玲不重視倫理關懷，她在一篇文章裏說，寫什麼？還是要寫自己熟悉的東西，關鍵在於被五四——左翼文學理論家多少忽視了的「怎麼寫」的問題〔註3〕。

與「集中」和「典型」相對，張愛玲提出了兩個表現現實的方法：一是「參差的對照」，這也是她爲自己找到的一種合適的、對現實進行認識和思考的方式——這就是，對現實的思考，同時也就是對於歷史的回憶和認識：她描寫的擺滿明晃晃傢具的房間、電車聲、肥皂的寒香、明亮的汽油味、牛肉莊、混亂的大街和菜場……合起來就是一幅現代都市生活全景圖，在張愛玲的筆下，現代都市被賦予了一種形式感，成爲審美的對象。在新感覺派作家筆下，都市儘管成爲描寫的對象，但更多是一種驚奇和眩惑，而在張愛玲筆下，都市眞正成爲勻齊、精緻、典雅的審美對象，因爲在這裡處處晃動著一個正在遠去時代的影子：冷白的金屬傢具裏不時出現鏡子、乾花、相冊、綉鞋等等充滿回憶的物什，電車聲和「松濤」隱隱對舉，腐壞的油味勾起「米爛陳倉」的聯想，篾簍子上的菜令人想起「籬上的扁豆花」……她筆下的人物，即使享受著最新式的教育、工作以及各方面的生活便利，但是古老的影子還是夢魘一般纏繞、層層疊疊地充滿了這個個體，個人因之成爲歷史遺產的沉重、不安的承擔物，是「寄住在舊夢裏，在舊夢裏做著新的夢」。他們是不徹底的，但正是他們，是這個時代最廣大的負荷者。張愛玲以對照的筆法要寫出的，就是這個「眞實」。

第二是寫「不相干的事」，她多次強調，「現實這東西是沒有系統的，像七八個話匣子同時開唱，各唱各的，打成一片混沌」〔註4〕。人生的趣味也全在不相干的事情上，她的作品不斷以具體可感的細節，造成籠罩在「意義」之上的迷霧，她筆下的生活環境、居室佈局、傢具擺設、衣著打扮到日常出沒的街道及場所等物象，都並不統一地指向某一主題，而眞實細膩得似乎具有獨立的生命，這使「主題」不是被凸現而是被層層疏離，因而極大地減少

〔註3〕張愛玲《寫什麼》。
〔註4〕張愛玲《燼餘錄》。

了文學作品的勸誡性質，而使事物的質地得到強調。

正因如此，即使是非常欣賞張愛玲的人，常常也會覺得她的作品「既不給人帶來安慰，也無助於現實處境的改變」〔註5〕。對文學提出的這兩種要求，前者是古典主義的，文學是靈魂的慰籍；後者是左翼的，即文學應該發揮其現實戰鬥精神。張愛玲沒有像沈從文一樣去建築「人性的小廟」，虛構一種「優美、和諧、自然」的人性，也沒有像魯迅那樣，在瑜的墳頭上放一個花圈，增添一抹亮色，暗示一種希望——張愛玲沒有這樣做，她是將「眞實」置於首位的。她的興趣不在於瞭解什麼是眞理，而在於她能夠對歷史和現實同時保持審視與反思，對一切清堅決絕、非如此不可的東西，她本能的保持警惕。這不正是一個作家的可貴品質嗎？

她相信自己，對於人生和人性，她充滿了探索的興趣。她知道用理性的方式去認識人的非理性是一件不可能的事，所以她採取了「啓示」、「體悟」、「意象」來傳達這種感知，而籠罩全文的，是一種氛圍，那就是「蒼涼」。

（二）意象化的文本

對普通人的關注和對某些個體的荒謬野心與虛榮抱負慘遭失敗的戲劇化描述傾向，使張愛玲的小說與現實主義在特徵上如此相符。但是用「現實主義」去概括張愛玲顯然並不妥當——尤其是這一時期的張愛玲，因爲她最大的興趣乃在於審美。

正如余斌所說：「閱讀《傳奇》，人們最初得到的審美愉悅，也許來自小說中層出不窮的意象」〔註6〕。張愛玲作品的「意象」的確令人側目，歷來多爲論者關注：夏志清曾說：「憑張愛玲靈敏的頭腦和對於感覺快感的愛好，她小說裏意象的豐富，在中國現代小說家中可以說是首屈一指」〔註7〕。水晶有專文論述張愛玲小說的「鏡子意象」〔註8〕，幾乎可以說，論者一旦談及張愛玲的表現技巧，幾乎都會注意到「意象」這一問題。

張愛玲作品意象的豐富，表現了她對小說審美功能的重視，也使她的作品並不像現實主義作品那樣關注理性認識的「眞」，而在某種意義上將古典派和象徵派對世界總體把握的特點相統一。

〔註5〕余斌《張愛玲傳》，第118頁。
〔註6〕余斌《張愛玲傳》，第119頁。
〔註7〕夏志清《中國現代小說史》，《張愛玲評說60年》，第265頁。
〔註8〕見水晶《象憂亦憂．象喜亦喜》，第276～289頁。

張愛玲深刻意識到的是人的物質性，因此她筆下人物總是生活在他的身體、衣著、居室的傢具、器皿、整體的佈局和情調、以及更大的環境空間之中。這些「中性」的外在物質世界變成了「意義」的至關重要的生產者。事實上張愛玲最擅長也是最吸引人的天才正在於她這種把人物活動的日常處境和日常物品隨時隨地化成意義的生產場地的本領——也就是說，這種種意象全是在情節故事的流動中生發的，並且加入這這個流動中，成爲重要的情節動力。這一點，許多論者已有精彩的論述〔註9〕。我在這裡主要關注的是張愛玲如何以「光」的意象系列，傳達其蒼涼的人生體驗、陰冷的人性感受，構成她的作品的總體氛圍。

「光」意味著「顯現」：一切物象、形象必須通過「光」才能被賦形；眞理、思想也總是借助「光」才能被看見——也就是說，光的意義是雙重的，在總體上它照亮存在，使存在物從混沌、被遮蔽狀態中顯露出來；同時物體又能以其顯形本身，反映出光的性質。因此，對於主觀心靈透射極爲強大的張愛玲作品，「光」是我們一窺其深層內蘊的一條通道。

張愛玲小說中的光的意象系列，由月光、燈光、陽光構成。其中，陽光在通常的理解中是理智、秩序、歡樂和光明，是飛揚向上的的象徵，但在小說中卻變得稀薄、蒼白，沒有普照萬物的神功，而是灰撲撲、懶洋洋的。「太陽光照著，滿眼的荒涼。」人在大太陽底下卻「有一種奇異的感覺，好像天快黑了，已經黑了」。而燈光是人工、幻象的象徵，在文中則是昏暗、曖昧、朦朧而憔悴的。只有月光，這最慣常地聯繫著人的情感和欲望，聯繫著生存的陰冷、神秘、悲哀和恐怖的月光，成了最眞實的光源，成了小說中最有力的主導因素。這個月光意象是最普遍出現的意象，是整體性的情緒象徵，可以說她的小說幾乎都染上了月亮的清輝和寒光。

月光有迷狂、瘋癲的意味。在滿月的夜裏，人的精神意識可能處於受誘惑的迷狂狀態。因此，月亮往往成爲人物欲望的重要象徵，這正與張愛玲對人性的非理性認識達到了深層次的結合：《傾城之戀》通篇似乎籠罩著一層綠月光，《金鎖記》也純以滿月開頭和結尾，故事在滿月的光輝中開始和結束，使它整個地籠罩在滿月神秘冰冷的光輝中，恐怖而又不祥。曹七巧被不幸婚姻和金錢欲壓抑著的性欲，在這月光中被誘惑而騷動、膨脹，變成

〔註9〕可參見余斌《張愛玲傳》中的「《傳奇》（下）」，孟悅《中國文學「現代性」與張愛玲》中的「二、意象化空間」。

一種強大罪惡的力量，扼殺了兒女的幸福，自己也最終成爲孤獨、乾枯的一具活屍。

在《沉香屑——第一爐香》裏，月光則顯示了它非理性的毀滅力量。葛薇龍第一次拜訪了姑媽往回走時，她看見「在山路的盡頭，青溶溶地，早有一撇月影兒。薇龍向東走，越走，那月亮越白，越晶亮，彷彿是一頭肥胸脯的白鳳凰，棲在路的轉彎處，在樹丫叉裏做了窠。」這裡的月光，作爲姑媽奢侈淫靡生活的引誘，使當時還是單純的女中學生的薇龍不由自主地向它靠近，而月亮在小說中的由圓滿而殘缺，直至消失，則暗示著薇龍幻想的破滅和情愛的挫傷，例如，她認識喬其後，月是「黃黃的，像玉色緞子上，刺綉時落了一點香灰，燒糊了一小片。」而當她完全淪爲交際花時，月光消失了，沒有了，她這才發現，「她的未來——不能想，不敢想，只有無邊的恐怖，無邊的荒涼。」這一爐香已經熄滅了。

月不僅是美麗的，還可能是猙獰的。《金鎖記》中的兒媳芝壽，知道婆婆在向丈夫套問自己的秘密時，她躺在床上，看見「今天晚上的月亮比那一天都好，高高的一輪滿月，萬里無雲，像是漆黑的天上一個白太陽。」「窗外還是那使人汗毛凛凛的反常的明月——漆黑的天上一個灼灼的小而白的太陽。」這裡的月光是瘋狂的、恐怖的，它烘托出芝壽對自己的情感蒙受恥辱直至生命被扼殺的強烈感受。可以說，在月光意象裏，張愛玲把自己對人性和人生的非理性、破壞性的一面的洞悉，以一種富於質感的方式完美地表現了出來，這一抹淒涼的月光，冷冷的照著黑暗中的大地，照著在大地上生活的芸芸眾生，所有的一切都逃不過它的眼光。但它又並不痛心疾首，而是用無所不包的悲憫容忍了這一切。月光，張愛玲的心靈之光。

與此形成對照的是陽光和燈光的意象。陽光是萬物之本，是希望、歡樂，象徵著我們的社會賴以維持的理性、秩序，在通常的認識裏，它是比月光更眞實、更有力量的光源。但在張愛玲的小說裏，但凡以陽光做背景時，就總是那麼蒼白乏力、淺薄無聊，不眞實。《紅玫瑰與白玫瑰》裏，振保與嬌蕊的私通，是「車頭迎著落日，玻璃上一片光，車子轟轟然朝太陽馳去，朝他的快樂馳去，他的無恥的快樂——怎麼不是無恥的？」陽光作爲快樂的象徵，表現出夢幻般的、輕飄飄的、半眞半假、脆薄易逝的特質。而《封鎖》是一個完全發生「大太陽底下」的「豔遇」故事，然而強烈的陽光使這類故事所可能具有的激情和意味消解了，構成對於豔遇故事的一種嘲弄，它是一個完全在「實利」打算下發生的感情小插曲，擺脫不了猥瑣、庸俗、可笑，事實上這個作品，正是套用浪漫派的格式所寫作的反浪漫派小說：「大太陽底下無新鮮事物」，反高潮在陽光意象裏得到了淋漓盡致的展現。

《多少恨》則自始至終籠罩在各種燈光之下，燈光，是人工產物，非自然光，它表現了一種現代幻覺，恰如言情小說和電影電視製造的廉價浪漫。燈光賦予《多少恨》一種曖昧、朦朧而又纏綿的意味。文中出現燈光的地方非常之多，正面和較詳細的描述就有六、七處。《多少恨》是張愛玲自己較喜愛的一部，作品裏主人公的愛也格外具有一種婉約柔膩的動人之處，但，這樣的愛情，即使已經產生，也只是一個夢，他們身邊的嘈雜大家庭，種種複雜的人際糾葛，是無法容得下一份帶有夢幻和想像色彩的情感的，每一次糾纏，都瓦解著這份纖細的柔情，主人公終於發現自己的力量是不足以與之抗衡的，偌大的一個家裏，他們卻找不到自己的位置：「他看看那燈光下的房間，難道他們的事情，就只能永遠在這個房裏轉來轉去，像在一個昏暗的夢裏。」柔情和個人的幸福，都只是「燈光」製造下的現代奢侈品。等待他們的命運只是悵悵分手，遙無歸期，餘恨綿綿無以述說。

通過月光、燈光、陽光這一系列光的意象的運用，張愛玲構建了一個獨特的小說空間，這個空間以慘綠的月光爲主導源，以燈光、陽光爲輔助，既是美學的，更對應著社會人生的秩序：非理性世界顛覆了秩序和倫理世界的正當合理，顯示出更其本質和強大的力量。「光」的普照和滲透使張愛玲對人性和生存的灰暗、陰冷、絕望和癲狂的認識和感受個體化了、形式化了，真正構建起一個屬於張愛玲自己的藝術世界。

三、一種思想和生活的方式及其局限

（一）一種生活方式

張愛玲的小說要和她的散文對照了來看，才能眞的讀懂張愛玲。張愛玲的小說是寫他人，把自己嚴密地包裹起來，採用的是類似於神的姿態：瞭解、悲憫、鄙夷；就如她自己所說，瞭解能導向原宥，也能導向鄙夷。她對普通人的庸俗、非理性、瘋狂變態的探索，的確導致了悲憫和原恕，但也導向了輕視、鄙夷。她不但不像一些作家一樣，把小說當作自己的「自敘傳」，反而她表現出對自己筆下人物令人吃驚的輕視和嘲謔。只有很少的神經堅強、性格冷酷的作家，能夠像張愛玲一樣，和她的人物距離如此之遠。在小說中，她把世界刻劃成一個如古墓般沒有希望、「沒有光的所在」，她絕望地把人物定義爲不配擁有更美好命運的一群，但在那些描寫自己個人生活的散文裏，我們卻感覺到她自己的生活是恬適的、審美的、沉醉而愉快的。從某種意義上是否可以說，她所描寫的這種庸常、功利、算計、猥瑣卑微的人生狀態，正是她極力要迴避的？

這種對自我的極端珍惜，既繼承了海派文化本身重個人實際生存的傳統，更與她親歷的戰爭事件密切相關：「圍城的十八天內，誰都有那種清晨四點鐘的難挨的感覺——寒噤的黎明，什麼都是模糊，瑟縮，靠不住。回不了家，等回去了，也許家已經不存在了。房子可以毀掉，錢轉眼可以成廢紙，人可以死，自己更是朝不保暮。像唐詩裏的『凄凄去親愛，泛泛入煙霧。』可是那到底不像這裡的無牽無掛的虛空與絕望。人們受不了這個，急於攀住一點踏實的東西，因而結婚了」〔註10〕。「然後戰爭來了，……那一類的努力，即使有成就，也是注定了要被打翻的吧？……我一個人坐著，守著蠟燭，想到從前，想到現在，近兩年來孜孜忙著的，是不是也是注定了要被打翻的……我應當有數」〔註11〕。

正是直面了死亡的威脅、經受了死亡的洗禮，領悟了生命的脆弱、短暫、孤獨和艱難，所以「我們這一代人對於物質生活，生命的本身，能夠多一點明了與愛悅，也是應當的」〔註12〕。因爲「我們暫時可以活下去了，怎不叫人歡喜得發瘋呢？」〔註13〕既然未來的一切全不可靠了，爲什麼不在現在盡量的放縱一下呢？可以說，張愛玲選擇以「世俗中人」來享受現實的人生態度是有這樣一種深層的悲劇意識和時間的緊迫感作爲精神支撐的，僅有享受，張愛玲將失去她的深刻和神秘的魅力；僅有悲觀，她又不可能這樣親切可愛。要從這雙重的角度才能準確把握張愛玲。在她的散文裏，我們看到的是一個對人生的一切表示了強烈的好奇、強烈的愛好而又善於享受人生樂趣的人。吃、穿、娛樂、花錢、乃至掙錢，無不讓她感到愉快，顏色、氣味、聲音，都能給她帶來極大的快感。生活的情趣是要去發現的，張愛玲享受生活的秘訣在於，她是以審美甚至是哲學的而非功利的態度來對待日常生活的，感覺的快感因此立即轉化爲精神的愉悅。

〔註10〕張愛玲《燼餘錄》。
〔註11〕張愛玲《我看蘇青》。
〔註12〕張愛玲《我看蘇青》。
〔註13〕張愛玲《燼餘錄》。

一方面她深深紮根於這個俗世的、感性的存在本身，另一方面她在精神上又是超越於這一俗世、感性的存在的——事實上，當她以俗人不具備的自信宣告，她就是「俗人」、就是「小市民」時；當她對感覺快感的愛好轉化爲精神的愉悅時；當她以市民言情小說的格式，寫作的卻是反浪漫反言情作品時；當她和淪陷區的各種勢力往來而力求保持其「賣文爲生」的自主精神時，她顯然是在昭示一種人生態度，一種「在」而又「不在」的人生境界，並且做得很成功。

作爲一個「人」，張愛玲的確將所謂「個人魅力」發揮到了極致，而且這也是文學作品的商品－市場傳統所歡迎的：因爲它能製造一種「名牌效應」，人們的購買和閱讀在很大程度上已經不是視作品本身單純的所謂「文學價值」而定，而是這個「名牌」所提供的預期刺激和娛樂保證，這種商品化傾向從張晚年作品的暢銷中可以更清楚地看出來。

（二）局限

戰爭固然解放了人性、使人意識到自我存在的唯一性和絕對性；但是問題在於：當這種自我存在的唯一性和絕對性並未和一種超驗的精神追求相結合，而僅僅將自己的生活和生活得更好作爲唯一的努力目標時，我們卻看到了一幅並不那麼令人愉快的畫面：「個人」失去了和同類的聯繫，失去了對同類感同身受的同情和愛，他人的痛苦、民族的不幸、近在眼前的罪惡，只要與自己無關，全是漠然的態度。張愛玲在《燼餘錄》裏講到自己在做看護時，病人中有一個害了奇痛的病症，整天呻吟不休，而自己沒有給予他任何幫助和同情，他死的那天，大家都歡欣鼓舞。大家爲什麼那麼恨他？因爲他的呻吟就像良心的呼喚，使大家苟安的生存狀態受到了挑戰。她欣喜若狂的是「我們暫時可以活下去了」。這樣的話再是真誠，聽來總覺得少了些人味，當然，對於聽慣了虛僞大話的我們，這樣的大實話倒顯得可愛、誠實。但正因爲它的誠實，它向我們真實地展現了：這些作家對苦難的承受能力有多麼低，爲了自己舒服一些，對苦難完全是「避之惟恐不及」。讀張愛玲與讀魯迅的散文和小說會獲得截然不同的印象：魯迅在小說裏總執著於爲世界找出一抹亮色，找到「中國的脊梁」，而在那最深刻的透露了他的內心世界的散文裏，我們能感知這個人內心的分裂、和不可忍的痛苦。兩相對比，後者是介入的、他深感自己也是這一群中的一人，他承擔了這個民族的深悲巨痛，背負著自己和大眾的命運一同和絕望抗爭著，從來沒有把自己歸入「幸運者」一類。

而對於張愛玲，她所有的努力都是為了從她所體悟到的人的可悲的生存狀態中解脫出來，以便站在生活之外，把生活當作一種景色來欣賞。

這種超然旁觀的態度，使張愛玲筆下的人性處於封閉和極端的狀態，她始終只有一個切入世界、把握人性的角度，她的小說的深刻來自於她的單一，是以抹煞或無視現實生活的全部曖昧、多義和複雜為代價的。在她受命於美國政局、寫於香港的《赤地之戀》裏，我們再一次見識了張愛玲的深刻，她割斷事件和人物的社會性和複雜的歷史背景，她全部的努力在於發現人性和現實的「惡」，用「惡」來堆砌其小說空間，從而創造出一個令人驚心動魄的現實地獄。然而，正如魯迅所說：「絕望之為虛妄，正與希望相同。」世界固然不是一個事事如願的理想天堂，但它也從來不是一個只有痛苦和不幸、黑暗與墮落的地獄。張愛玲這種簡單化、絕對化的思維方式導致了她對人生認識和文學創造上的止步不前，而這又是和她那種與世隔絕、「旁觀者」的生活態度相關的，克爾凱郭爾把這種態度稱為「美學的」，這是一種在即刻中生活的能力，「美學家是選擇完全為這種特別的、可喜的時刻而生活的人，但這種生活態度到最後一刻一定會崩潰為失望。……誰要是冒險以他的一生來追求歡樂的時刻，必然會變得不顧一切，而後變成絕望。」克認為，「以超然態度注視事物的知識分子，自稱為旁觀一切事件與存在的哲學家，這兩種人的態度，在基本上都是美學的。」〔註 14〕在此，克攻擊了過去被視為最高價值的東西——思想家觀察式的超然生活。而在克對「美學家」的界定裏，我們不難看見張愛玲的身影，她對生活趣味的全心投入與享受，她對漢語言文字意淫式的沉溺，她那「出名要趁早」的放恣，她與胡蘭成「欲仙欲死」的戀愛，她那種冷冷注視中國人生活的超然與淡漠……她把這種生活方式的魅力發揮到了極致，同時也為我們指出了它的缺陷：這是一種注定與絕望相伴隨的人生，虛無既是它的頂峰，又是它的深層本質，它沒有任何積極性，只想要否定、或者說消費這個世界。

正因如此，傅雷所指出的：「從《金鎖記》到《封鎖》，不過如一杯沏過幾次開水的龍井，味道淡了些。」在她淪陷期內的作品裏，我們已看出這種「自我複製」的危機，怎樣拽住了作者取得突破和進步。自我複製也是市場對於商品化文學的要求，某種獲得認可和流行的寫作程式大量地被生產出來

〔註 14〕〔美〕威廉·白瑞德《非理性的人——存在主義探源》，黑龍江教育出版社，1988 年版，第 164 頁。

以滿足讀者的閱讀消費，這又和作家個人的自戀情結相結合，使她不能對自己的創作產生什麼自覺的、超越性的努力，相反，她顯然過於輕蔑「新文藝濫調」，而對她從舊小說中獲得的養分和經驗過於自信，她卻沒有意識到，其實她的小說之所以能夠具有這樣的魅力，更多是得力於她的外國文學功底和「五四」修養，那些大段大段體物狀情極盡幽微細膩的意象描寫以及心理刻畫在舊小說中是不多見的，而這正是造就她成功作品與濫俗之作的重要分水嶺——比較《金鎖記》和《連環套》，前者因其對人性的深入發掘、技巧上的意識流、蒙太奇、意象化描寫……而被傅雷稱爲「五四以來文壇最美的收穫之一」〔註 15〕，後者則充斥著舊小說的陳詞濫調，故事的「編造」和人物的惡俗使作品令人難以卒讀。

從張愛玲的成就和局限我們更其明確地看出，商品－市場傳統對於文學仍然是不夠的，文學需要一種獨立的品質、一種永遠的探索精神、一種先鋒性和穿透力，一個合適的文學格局要求審美－獨創傳統應該佔有相當的地位，並發揮出相應的作用。

〔註 15〕傅雷（署名訊雨）《論張愛玲的小說》，見《萬象》第 3 年第 11 期，1944 年 5 月。

第六章　新文學作家對「商品－市場」傳統的適應與改變

這裡所講的「新文學作家」，包括留滬的老作家如李健吾、胡山源、蘆焚等，也包括打入敵僞內部的左翼作家如關露等，還有孤島時期堅持抗日愛國立場的作家如柯靈、唐弢等，他們的共同傾向是在淪陷前，或傾向於啓蒙－救亡傳統、或傾向於審美－獨創傳統，沒有很強的商品－市場意識；而在此期，則都體現出了對商品－讀書市場的適應和靠攏，在題材主題、表現手法諸方面體現出對讀者口味的重視，在他們向通俗文學的靠攏中，出於政治熱情的受挫，而轉向對純文學性的追求，這就在很大程度上改變了文化市場的面貌。「新文學作家」還包括一部分注重新文學的審美－獨創傳統的年輕作家如馬博良、路易士等，這一時期通過同人雜誌的創辦，爲讀書市場帶來一種超功利性質。總的來說，這一適應和改變是通過對商業性雜誌的滲透、對敵僞雜誌的控制、戲劇熱潮的掀起以及同人雜誌的創立等方式來完成的。

一、向「商品－市場」滲透並改變其面貌：《萬象》作家群及其他

（一）柯靈對《萬象》的適應與改變

柯靈是孤島時期魯迅風雜文創作的重要成員。淪陷之後，柯靈主編的報刊首當其衝受到敵僞查封、停刊或接管的打擊。經過近兩年的沉默後，他代替陳蝶衣主編《萬象》，由此開始了他的另一段編輯生涯。

自 1943 年 7 月柯靈開始接編《萬象》的第 3 年第 1 期起，新文學作家作品的比重顯著增加，這一特色一直保持至終，很多留滬新文學作家如蘆焚

－師陀、唐弢、王統照等只在《萬象》上發表作品，使後期《萬象》成爲新文學作家的唯一集中的園地；同時我們也應注意到爲在險惡的政治環境中求得生存，他對自己的編輯策略也作了相應調整，基本上承繼了陳蝶衣主編《萬象》的風貌，仍然以「純粹的商業刊物」、「完全以讀者爲主人」〔註 1〕相標榜，但是發表的新文學作家作品，卻或以啓蒙－救亡色彩、或以對文學性的追求而暗暗改變了這份「商業刊物」的面貌。

《萬象》重視文學藝術性的一大貢獻是刊登了一些嚴肅的文論，例如簡正翻譯法國人的巴金論《巴金：一位現代中國小說家》、鮑靄如《曹禺論》，范泉《論出版文化及其他》。它們也很少意識形態的色彩，主要作純正的文學批評，或從出版的角度來談文化發展，顯然爲五四新文化運動多了一種看視的眼光。其中最著名的當推訊雨（傅雷）的《論張愛玲的小說》，傅雷以一個職業批評家的敏感和學貫中西的豐富學養，充分肯定了張愛玲小說在心理分析、結構設計、語言意境、形象描繪等多方面的出色技巧和成就，又坦率指出其「欠注意主題」，漸顯追求趣味與刺激和玩弄技巧的趨向等「往腐化的路上去」的缺點與弊病，他極力稱讚《金鎖記》的反封建意義和藝術上的精美，認爲它可與魯迅《狂人日記》媲美，也痛心於《連環套》的濫俗與遊戲態度，都表現了一種嚴肅的、精英文學的評判標準，在淪陷當時可謂最完整、水平最高的評論，至今仍是研究張愛玲的重要批評資料。

柯靈此時的創作較少，而且全部以筆名發表，重心亦轉移到戲劇改編。《萬象》分別刊出了以「朱梵」爲筆名的劇本《飄》和與師陀合作的《夜店》。《飄》沿用原作的人名和故事，並不十分成功；而他和師陀在《夜店》裏，只用原作的一個基本框架，其他如時間、地點、人物以及故事情節，全部中國化，則取得了極大的成功。此劇藍本是高爾基小說《底層》，《底層》表現的是在沙皇統治下的俄國社會底層形形色色的人物與生活。師陀和柯靈採用移花接木的手法，將《底層》演變爲《夜店》，用此劇表現日僞統治下的淪陷上海種種「社會渣滓」——失業者、流浪人、苦力、妓女、落難的英雄、失意的貴冑，以及雞鳴狗盜、引車賣漿者流——在這「人間地獄一角」的形形色色生活景象。劇本塑造了虛僞狠毒的店主聞太師和老闆娘賽觀音、善良軟弱的石小妹、欲自拔而不能的楊七郎以及那些在生活的煎熬中人性扭曲的各色人物，它眞實地體現了，生活的無休無止的磨難怎樣索取人的靈魂爲代

〔註 1〕秋翁《二年來的回顧——出版者的話》，《萬象》第 3 年第 1 期。

價。但是唯一還保留了人性美好的卻仍然是那些受盡磨難的小人物，然而在這個社會裏，善良卻彷彿意味著無能，逃不脫被侮辱與被損害的命運，劇本最後以楊七郎蒙冤下獄、石小妹自縊而死、賽觀音毒計如願以償爲結局，控訴了這個徹底的不公正社會，與淪陷時期「喜劇熱」顯示出完全不同的美學追求。而劇本對社會下層人物形象的準確、生動的刻畫，對淪陷上海地獄般的生活的眞實再現，使《夜店》成爲這一時期唯一直接反映淪陷時期上海社會底層民眾生活的劇作，被稱爲「接觸現實最深刻」的作品。此劇共 4 幕，前兩幕由柯靈執筆，一開場的人物介紹，充分顯示了他得力於雜文的那種以寥寥數語刻畫人物特徵的能力，既銳利又不失幽默，很有幾分魯迅式的人物白描；隨著劇情的展開，柯靈更顯示了他設置人物對話以及營造環境氣氛的出色能力，被鄭振鐸歎爲「爐火純青的、火辣辣的對白」〔註2〕，他將居住於這家雞毛店裏的各色人等的複雜關係和矛盾糾葛一一展開，塑造了鮮明生動的人物形象，緊張迫人的故事情節，而又顯得錯落有致，具有撲面而來的濃鬱的時代氣息和生活質感，十分眞切地表現了一個善惡倒置的地獄一般的現實上海。

他以「司徒琴」、「莊濡」等筆名發表的《遺事》和《神・鬼・人——戲場偶拾》等作品，兼具散文的從容細緻和雜文的銳利批判性，作者將主要筆墨用以細節描述和氣氛營造，只在末後以看似不經意的句子明確地表達出他的反封建和反抗壓迫的精神，同時我們必須看到，這樣的寫作不僅是一種策略，它使作品具有新的質地並呈現出新的面貌，具有更強的形象感和藝術性。正如他對《萬象》的改變，《萬象》也以它的固有面貌影響了柯靈的創作。

（二）《萬象》上的重要作家蘆焚－師陀

這是淪陷時期最爲活躍、最有成就的新文學作家。早在 30 年代，蘆焚即以別具一格的小說風格著稱，1936 年秋蘆焚由北平至上海，在淪陷時期「心懷亡國之悲憤牢愁」，陸續寫出《果園城記》中一系列憂鬱圓熟的短篇，並別開生面地把安特列夫《一個挨耳光的人》和高爾基《底層》（與柯靈合作）改編爲轟動一時的劇本《大馬戲團》、《夜店》。而他此時的長篇《荒野》未完、《結婚》出版於淪陷之後，故本書將主要討論他的「果園城」短篇和劇本。

〔註 2〕鄭振鐸《夜店》，載 1945 年 12 月苦幹戲劇修養學館《夜店》說明書。

人們習慣將蘆焚歸入京派作家之列。與京派作家相仿，30 年代的蘆焚也以「鄉下人」自居。不過，正如楊義所言「蘆焚與京派，衣裝相近而神髓互異。……他的藝術傾向處於京派和北平左聯之間」〔註 3〕就在當時，他對中原荒野的懷念，便充滿著沉重的憂患感和蒼涼的悲鬱感；他對社會人生的切入層面也表現出與純正的京派作家的不同：他不是從遠離塵囂的化外之地掘取原始人性，而是在習以爲常的宗法制農村解剖平凡眾生的世俗文化心理，表現了一種嚴峻的、非隱逸的心態。

蘆焚在淪陷上海的作品有兩類，一是承接孤島時期的計劃，繼續對「果園城」人情事態作系列描寫，陸續發表了後來結集爲《果園城記》的一部分短篇，主要表現了以審美獨創性對文化市場的提升、改變；一是他改編的幾個劇本，則以熱烈的人生鬥爭體現了對市場的適應。我們先來看前者，他自稱「我的果園城」，是「一個假想的中亞細亞的名字，一切這種中國小城的代表」〔註 4〕它創造了一種新的小說文體，就是用多個短篇，共同構建一個假想的小城。這些短篇的故事各自獨立，但是人物卻又有一定的聯繫，即他們都屬於這個小城宗法制社會的系譜，這樣，作品既可以作爲一個個精美的人生故事分開欣賞，而合起來就是一個中國內地城鎮的社會百圖。應該說這是一種富於才華的文體獨創。

在這一個個短篇裏，作家通過從街頭巷尾隨手拾得的雞零狗碎的素材，通過對小城「日常生活」的細緻刻畫，窮形極相地描繪了宗法制鄉鎮的色彩與聲音、速率與氣氛，創造了一個滲透了作家對傳統中國的整體性把握和獨特理解的世界。它從不同的層次和方面，展示了形色各異的人生，表現了他對上流社會的憎惡並毫不留情地宣佈他們必然淪落的命運，同時也展示了他對底層人物的同情，並深切悲悼於他們被侮辱與被損害的人生，進一步揭示封建的生活方式和思想觀念對人生的戕傷，並凸顯出「命運」的力量，升華的是一種對人生的悲劇性領悟和廣大的悲憫：《孟安卿的堂兄弟》和《狩獵》都展示名門富紳家庭子弟的人生，前者表現主人公「孟季卿」腐化墮落的歷程，作者特出之處是著力表現了這個人的善良與可愛的一面，從而將這種生命的浪費、熱情的戕傷寫得溫情脈脈、不動聲色，甚至有幾分優雅；而後者則彷彿受命運冥冥之中的感召，變賣家產，離開這個城，「開始了生活上的大

〔註 3〕楊義《中國現代小說史・三》，第 414、416 頁。
〔註 4〕《蘆焚小說選集》，江西人民出版社，1982 年版，第 400 頁。

狩獵。」這些漂泊無依的人物，讓人想起舊俄作家筆下的「多餘人」形象，他們的命運之謎，造成了作品獨特的迷離倘恍的美感。在表現了名門子弟似乎是注定的淪落命運之後，作者將眼光投向了那些卑微的「小人物」，《說書人》的開頭極富魅力：「說書人，一個世人特准的撒謊家！」他極爲傳神地描寫了說書人製造的奇妙的、充滿想像力的氛圍，對說書人的悲慘生活他表現了悲哀，但更多的是尊敬和激賞，而《期待》則表現了對被損害者的同情，他既不正面描寫那個從事革命工作的青年的死，也不控訴黑暗的惡勢力的罪惡，而訴諸「人性」，選取幾個細節，既形象又節制地渲染父母痛失愛子的哀痛，「這兩個喪失了自己獨養子的老人，兩棵站立在曠野上的最後的老蘆草，他們怎樣在風中搖曳，怎樣彼此照顧，而又怎樣度著他們的晚景的呢？」他對一個個鮮活的生命被「果園城」這因襲的、腐敗的、罪惡的城所吞噬感到憤懣，但是他又有些迷茫，他對於這小城、對於這人世的戀戀的情懷是那樣深切入骨：這也就是劉西渭所說：「詩是他的衣飾，諷刺是他的皮肉，而人類的同情者，這基本的基本，才是他的心。」〔註5〕

同時，《果園城》在寫法上也是匠心獨運的：這個小城一直處在某種「被看」的狀態中，或者是「我」，或者是其他人，這個「看」者身份的共同性在於，他們都離開過「果園城」，到過遙遠的、現代化的大城市，受過現代文明意識的洗禮，他們是以一雙「界外」的眼光來審視這個城市的，「既在其中，又出乎其外」的這樣一種姿態，使作品具有一種哲理化的傾向，表現了一種對人生的終極思索，指向人在終極意義上的悲劇意味。凡此種種構成了《果園城》謎一樣的多義性和詩歌般的藝術魅力，它們兼有詩歌的簡約多義、散文的從容舒緩和小說長於細節描繪和塑造人物的特色，相應地，敘述語調也顯得更遲緩、猶疑和憂傷，又滲透了溫情。它以「優美深刻，得未曾有；純淨、透明，彷彿閃光的水晶」而爲人稱道，是淪陷上海不可多得的藝術精品之一，也成爲蘆焚個人「最得意的短篇結集」。

如果說蘆焚以創造一個化外之境的「果園城」、以對藝術性、哲理性的沉醉高揚了新文學的審美獨創傳統；那麼，他以「師陀」爲筆名、根據安特列夫《一個挨耳光的人》和高爾基《底層》改編的劇本《大馬戲團》和《夜店》（後者與柯靈合作），表現了作家對商品－市場傳統的一定程度的適應。《大馬戲團》的原作以法國某大城市一個馬戲班爲背景，表現一位有成就的知識

〔註5〕劉西渭《讀〈里門拾記〉》。

分子，被迫隱姓埋名，到馬戲班擔任用挨耳光換取觀眾笑聲的小丑的故事。原作意在揭示西方社會嘲弄人生、嘲弄知識與文明的淒慘現實，籠罩著灰冷滯重的氣氛。師陀改編的《大馬戲團》實際上是以安特列夫的原作爲出發點，在大體上保留原作的主要人物、人物關係和故事輪廓的同時，又融入新的創造，諸如重新編排劇情、變換某些人物關係等等，使原作的故事「中國化」了，連原作的主題都改變了。它以一個走江湖的馬戲團幾個男女之間的愛情糾葛爲主要線索，展開整個故事，安特列夫原作中的主人公（即挨耳光的人），在《大馬戲團》中變爲全局的配角（達子）;《大馬戲團》主要表現金錢、貪欲、嫉妒對人性的扭曲，對愛情的破壞，這與原作的主題也迥然不同。此外，蘆焚還以小說家的特長，進一步加強對劇中人物性格的深入刻劃，彌補了原作偏重於情節和人物動作展示的缺陷；又用浸潤中原地區特色的豐富語彙、雋妙詞藻，編織人物對白，使全劇彌漫著濃鬱的民族氣息，取代了原作的異域情調。此劇問世後，受到上海劇壇的一致好評，它對國外劇作的成功改編，當時即受到李健吾等作家的稱讚。

注重塑造人物性格，用民族氣息濃鬱的語言詞彙營造人物對白，是師陀劇作的兩大特點。而且師陀好像特別善於塑造「惡」性人物：在《大馬戲團》中，塑造最成功的人物是翠寶的義父慕容天錫，他的貪婪、狡詐、工於阿諛、寡廉鮮恥，都表現得淋漓盡致、活靈活現。而《夜店》給人留下最深印象的則是老闆娘賽觀音，她的淫蕩、嫉妒、心狠手辣，是那樣極端，且具有一種令人吃驚的「力量」。他們的刻劃成功，引發了當時上海戲劇界對於話劇塑造典型人物的普遍重視，具有不容忽視的歷史功績。

（三）唐弢

由於政治熱情的受挫，而轉向對超現實環境和藝術性的追求，是很多留滬新文學作家的共同選擇。「做夢」正是「魯迅風」雜文家唐弢被迫收起他投向現實社會的「匕首與投槍」後的生命抒發：作爲一個不幸命運的承擔者，「他爲苦悶的心開闢了一個窗子，那不是嘮叨，卻是深不見底的沉默……於是遂開始尋夢了。」

> 沉默是由於緬懷往昔，也常常爲了追蹤未來。……你不看見隱藏在這原野下面的一片大地嗎？它那麼平靜、樸厚、結實，默默地運轉著運轉著，然而包涵在這地面底下，緊裹著地心的卻是一團融融的火，一種亙古不變的熱力。

這熱力就是人類偉大的「尋夢」的能力：

> 我鄙棄人類，卻熱愛他們的夢想，憑著這夢想，夸父在追逐西下的太陽，而人生也遂以燦爛了。(《尋夢人》)

是的，在不能「直面」和「戰鬥」的時候，作家以「做夢」來發抒其現實的苦悶與對理想價值的捍衛。有宏大的夢：盜火的普羅米修士「抱著惻隱的胸懷我遂許以前途，將希望插入他們的心底」；有喜悅的夢：「『你拈住一個春天了』。我脫口而出地說。」還有閒雅得不沾一絲俗塵的夢：「落花島是神仙的家鄉。吃的，穿的，走的，住的，全都是美麗的花瓣，因爲，它們終年不停地落著，落著，落著……」(《自春徂秋》)

而小說《海和它的子女們》《稻場上》《山村之夜》等則以幻想、回憶的形式，到神秘雄奇的大海、樸質溫馨的鄉間繼續他對光明之夢、美好之夢的追尋，從這些富有想像色彩的地方，吸取那些支撐他生命的力量。這些小說都取材於作者的童年農村生活記憶，唐弢以帶有浪漫傳奇色彩的筆調，講述了這些農民的貧困生活，刻畫了他們敢愛敢恨、敢作敢爲的樸實剽悍的豪爽性格，著力刻畫了一種富有浪漫色彩和英雄主義的氛圍，以這些具有傳奇色彩的故事來表達他在現實中被扼阻的戰鬥精神。

從某種意義上說，「做夢」恐怕是最接近於文學的本質的：文學不就是發生於個人對現實生活的不滿，不就是一種「白日夢」嗎？如果說孤島時的唐弢模仿魯迅風格，有「模仿過甚，入於呆板」的毛病〔註6〕，這時「做夢」的他卻顯得清麗脫俗，瀟灑流利，上天入海、古今中外的豐富想像，展示了作者飄逸自由的心態，也顯示出他語言上的才華：

「斜陽拉長了西風裏的影子，平林又落漠了。」這是化的古詩裏的意境。

將古典詩歌的意象融入現代的動感，並大量使用擬人手法，也是若思〔註7〕散文的一大特色：

> 高林的蟬聲顫抖著，似被劫持的少女的號哭；烏鴉背載紅雲，一隊隊向藍空打旋。是在留戀這最後的一點光呢，抑是爲黃昏的到來而不安？

而這樣的句子則是如此簡潔而渾厚：

〔註6〕何之《立此存照》，載1942年8月《雜誌》第9卷第5期。

〔註7〕唐弢此時的散文都以「若思」爲筆名發表於《萬象》。

> 大路穿過村後的榆錢樹林向遙遠的天邊伸展著，蜿蜒於綠色的山野，靜靜地躺著猶如一條灰白的大蛇。〔註8〕

壓抑直露和浮躁的情緒，收斂鋒芒，更多盤桓於自我心靈的世界，擺脫對「大師」、「經典」的模仿，恐怕更有利於展示自己的風格和個性，這眞是「國家不幸詩人幸」，也能促使我們對作家與時代的關係做出新的思索。

（四）鄭定文

小學教師鄭定文屬於淪陷上海的年輕一代，他的作品不多且都發表於《萬象》，其特色是眞實地寫出了淪陷區上海令人窒息的生存現狀，並寫出了下層人物在這令人絕望、壓抑的現實面前所閃耀出的心靈之光，其作品表現出新文學感時憂世的啓蒙傳統與個人生命意識的結合，其精神上的力度和強度在當時是很少見的，標誌了新文學在商品－市場傳統下的新發展。小說《魘》寫的是那夢魘一般無望的小市民家庭吵鬧、哭罵、墮落的人生，一種灰冷、陰暗的陰影彌散在字裏行間，它眞實的表現了，淪陷區一般普通人的生活，怎樣在嚴酷的現實環境中走向困頓以至於絕望，而個人又感到怎樣透不過氣來的壓抑，表現出「長夜漫漫，何以待旦」的沉重如鉛的心理——在日僞法西斯統治下的人民，眞像是活在一場苦難無邊的「夢魘」裏！這種夢魘的沉重氣息，幾乎成爲他作品的主調，也是罕見的直面淪陷區個人在物質和精神雙重迫壓下的現實生存的作品，其表現的質感力透紙背，使作品達到了變形和魔幻的效果。同時作者並不是一味消沉：《大姊》中，「大姊」以柔弱的身軀，肩負著全家的重擔，但她沒有被這令人絕望的現實壓倒，而是以自己的善良、堅韌、不但堅守著自己清潔正直的生存，還無言地給了身邊的人以鼓勵和安慰。作品灰冷壓抑的氣氛也隨著大姊形象的逐步確立得以驅散，而散發出令人心曠神怡的清新和力量，在這個微不足道的人物身上，是眞能感受到一種可稱爲「偉大」的東西的！《小學教師》開篇也是一幅混亂不堪、令人灰心氣餒的「小學課堂授課圖」，但是在教書育人的過程中，在一片混亂中，老師漸漸被孩子們天眞爛漫、努力求學的精神所打動，這給了他希望，他把他們看作自己的未來，自己是犧牲了，但是他要把熱情和生命寄予孩子，表現出一種「反抗絕望」的可貴精神。不過，作者卻並沒有被自己說服，這種對抗絕望的方式，在他來說仍然是不能忍受的，他後來便離開了

〔註 8〕 唐弢此時的小說都以「潛羽」爲筆名發表於《萬象》。

上海，參加新四軍，並以23歲的青春而病死。我想正是這「不能忍受」本身體現了一種純潔的精神，對自由對理想生活的願望不是想像的，而與鄭定文的生命意識緊緊擁抱，這就構成了鄭定文作品那種有力度的純潔的憂憤，具有很強的美學魅力。

柯靈時代的《萬象》作品還有羅洪和王統照的長篇《晨》、《雙清》，但是都未連載完，所以此文不作討論。總的來說，柯靈時代的《萬象》通過對商品－市場傳統的一定程度的適應，用通俗的或者純藝術的方式表達自己的思想情感，反過來對市場也產生了一定改變，表現了一種良性的雙向互動。

（五）胡山源

淪陷上海相當活躍的新文學老作家，他致力於雅俗文學的融合，並在理論和創作實踐上都做出了探索。20 年代初，胡山源對文研會、創造社的「爭鬥」頗多不滿，曾發起文學社團「彌灑社」，認為「要緊的是埋頭創作，取得應有的成績。」被魯迅在《新文學大系・小說二集》裏稱為「為文學的文學的一群」，在十多年後，他重申當時的主張：「不批評，不討論，無目的，無藝術觀，只發表順著靈感的創作。」〔註9〕而在孤島時期他受到愛國熱情的推動，創作了不少激勵國人投身抗戰的作品，並為照顧讀者，開始不嫌粗俗吸收街談巷議、市井口吻，表現出走向世俗的傾向。

淪陷時期，胡山源積極致力於雅俗文學的融合，他與周瘦鵑、陳蝶衣等是老朋友，他的長篇小說《散花寺》《龍女》分別在《萬象》和《紫羅蘭》上連載，稍後又在《春秋》上發表長篇《魍魎》，成為通俗文學陣營裏的一位重要作家；他參與了陳蝶衣在《萬象》發起的「通俗文學運動」，發表論文《通俗文學的教育性》，他認為理想的通俗文學應該在思想上棄舊圖新，應該「遵守自然法則並充滿時代精神」，他不斷強調「時代精神、自然法則、思想意識」等詞彙，將宣傳愛國主義和反侵略思想、傳播現代科學知識，作為通俗文學應當具備的主要的新意識。他更大膽地宣稱，這種具有「教育性」的通俗文學，「就是理想上的正統文學，思想上的純文藝。因此我以為通俗文學與純文藝，並沒什麼分野。」

不難看出，胡山源致力於以「思想」、「意識」來充實通俗文學，建立一種新型的純文藝。不過，良好的願望與作品實績有時是會出現令人遺憾的錯

〔註9〕這裡的三處引文均見《順著靈感而創作——彌灑社作品、評論資料選》，華東師範大學出版社，1990年4月第1版。

位的，就如陳蝶衣寄予很高希望的「通俗文學運動」因缺乏合於理想的作品而不了了之，此期胡山源的創作也乏善可陳，他的作品多為長篇，然而結構鬆散、隨性為文，不講究情節的緊湊；更由於對描寫的生活不太熟悉，而多出乎想像，人物的塑造不夠鮮明，細節的營造也不夠眞實，這些都既影響了作品的藝術價值，也影響到它的可讀性，但他身體力行於雅俗文學的融合，在理論上做出積極的探討，在創作上亦留下其探索的痕蹟，促使通俗文學面貌發生相當改觀，是值得肯定的。

二、劇場戲劇的興起〔註10〕

淪陷上海出現了「劇場戲劇」的演出與創作的繁榮，劇場成了淪陷期上海作家最重要的陣地和最活躍的地盤。與大後方的戲劇相比，它較少政治色彩和宣傳性，基本上出於商業的或「純藝術」的動因：一方面是劇作家和演員、導演都賴此謀生，一方面是身處政治高壓與思想的嚴格控制之下，堅持對戲劇藝術本身的探索，就成了有追求的劇作家和演員的唯一的精神出路。同時我們還應看到上海成熟的市民階層對「觀劇」的期望：這些心懷苦悶但又害怕政治的市民觀眾，把劇場當作了他們尋求刺激和轉移精神苦悶的場所，特別是喜劇以其狂歡的精神和對社會規範的顛倒，成為一種壓抑情緒的解脫而大受歡迎。強大的市場需求，極大地刺激了劇場戲劇的發展，也促進了劇場戲劇創作的發展，短短兩年內，僅由孔另境主編的「戲劇叢刊」就出版了 5 輯共 50 種，而在不到 4 年的時間裏，據不完全統計，有 30 位作家先後發表出版了各種劇本近百部。就作家而言，不但許多劇作家繼續創作，很多以前並未涉足劇作的作家如前所述之師陀、柯靈，都參與其中，可謂盛況空前。

一方面是作家們由於生活窘困，而劇本稿費相對較高；一方面是日本法西斯統治下禁放歐美電影，構成對戲劇的需求量大。這些特殊時期的特殊背景也導致淪陷上海戲劇創作的幾大特點：改編劇多、喜劇多、歷史劇多；創作劇本和反映現實生活的則較少。

在表現現實的劇作家裏較為重要的有周貽白、楊絳和吳天，繼承了新文學批判現實的傳統。周貽白此期代表作有《綠窗紅淚》《金絲雀》《陽關三疊》《花花世界》等；借人生瑣事、動人的情節來曲折傳達對現實的某種批判，

〔註10〕本節論述主要採用陳青生《淪陷時期的上海文學》相關內容。

在藝術上未免不夠精緻；楊絳的劇本《稱心如意》《弄假成眞》，以濃厚的市民趣味表現出對種種小市民風氣的諷刺，取得較高的成就；吳天則有《滿庭芳》《銀星淚》《四姊妹》《紅豆曲》等，對現實社會人生多有揭露，並透露出絲絲縷縷的溫暖光明。

在歷史劇創作方面具有代表意義的作家主要是姚克、孔另境和魏於潛等，更多發揚了救亡愛國的傳統。姚克《楚霸王》《美人計》，前者具有較強的現實寓意但在藝術上失之粗糙，後者則加入了反封建色彩而頗具新意；孔另境在《李太白》《沉箱記》《春秋怨》裏，借人物之口和所敘故事，將矛頭直指漢奸當局和日本侵略者，明顯的借古喻今色彩使作品煥發出非凡的感染力，以致作者因此被憲兵隊拘捕扣押。孔另境在此期還主編「劇本叢刊」5 集 50 種，基本上囊括了此期重要的作家作品，爲話劇事業做出了貢獻。而魏於潛更以對《釵頭鳳》中愛國詩人陸游的思想情感的書寫，曲折而熱烈地將一種情懷呈現給觀眾。

改編劇的興盛是一個值得注意的問題，順便提一下：淪陷上海的翻譯，主要有兩種形式，一是保持原作的原貌不變，而更多的是一種「改寫」，「改編劇」——或將外國劇作中國化、或將其它文體戲劇化——以其質高、量大幾乎佔據了上海劇壇的半壁江山。這些如果不指明，基本上已經看不出它是來自異域。作者保留原來的故事框架，但是人物、環境都已被移植爲本土的了，表現的也是本土的東西。正如李健吾所說：「改編是利用原作的某一點，把自己的血肉填了進去，成爲一個有性格而有土性的東西」〔註 11〕，實際上是藝術的再創造。這種「改寫」，在當時文化界興盛一時，幾乎佔領劇壇半壁江山，其中一大原因是爲了適應市場對戲劇劇本的需求量：改編自然比創作容易、來得也快；同時它也有利於作者對劇本美學的進一步探索，此期一批極具藝術感染力的劇本很多出自改編劇，前面所講的師陀和柯靈的改編劇便是一例。

改編劇作家裏重要的當推李健吾。他在 30 年代劇壇即產生過較大影響，其創作傾向和風格不同於曹禺、夏衍，他不追求對現實生活的深刻反映，而醉心於對人性的剖析，從人物內心的矛盾來分析人物行動的原因；他的劇作時代性都不太強，但有著較高的藝術價值，其對話俏皮利落，結構嚴密緊湊，

〔註 11〕李健吾《〈大馬戲團〉與改編》，《師陀研究資料》，北京出版社，1984 年版，第 277 頁。

構思奇巧追求趣味性。這些特點使他在淪陷區的「戲劇演出熱潮」中得天獨厚，成為舉足輕重的人物。

不同於「市民劇」熱，李健吾的創作更多出自「純藝術」的動因，主要體現出對戲劇藝術本身的追求，是淪陷時期「改編劇」作者中重要的一位。李在這一時期的改編劇至少有九部：根據巴金同名小說改編的《秋》，根據莎士比亞《麥克白》《奧賽羅》改編的《王德明》(《亂世英雄》)《阿史那》等，而根據法國薩爾杜劇作改編的《花信風》《風流債》《喜相逢》和《金小玉》，則是其代表作。薩爾杜並非什麼大家，而是以技巧熟練、尤其以佈局取勝而聞名，李健吾對他的得失長短極為瞭解，但認為從他的戲劇中可以「體味出一點寫戲的道理」，因為「他的短處正好襯出他的長處」——意識的薄弱正好凸顯其技巧的高明——可見其興趣所在。這跟李健吾對戲劇的看法相關：他認為文明戲的生命在於「擒住了」故事「這個線索」，而現代話劇要做的，無非是「放大了故事的意義；它不是一種人為的把戲，而是一種切合人生的形式。」〔註12〕所以，戲劇對於李健吾來說最重要的是它是一種「形式」，而不在於它反映現實的深與廣。

為了贏得觀眾的興趣，他改編的劇作都採用了現代中國歷史上的「北伐」、「大革命」等吸引人心的重大事件。這自然取得了影射醜惡現實的效果；但對李健吾來說最要緊的仍在於做戲本身：佈局的嚴謹，構思的瑰麗奇偉，氣氛的營造，場面的驚心動魄，以及人物個性的對立與愛恨情仇的情節糾結，在舞臺演出時所產生的輝煌效果，創造了一個非現實的世界，表達了作者創造性的審美追求。

陳麟瑞改編的《孔雀屏》《雁來紅》和《晚宴》，則注意盡量保留原作的情節，而在情調上將其本土化。黃佐臨改編的《梁上君子》《荒島英雄》，既給人開懷大笑的喜悅，又給人意猶未盡的思索，盡可能將外國劇本的細節情調移植為中國觀眾所能夠接受，以藝術欣賞的形式表現社會意義，它沒有很強的現實影射效果，但是在思辨的層面上則給人很大的啓示。

可以說，劇場戲劇開闢了新文學作家與商品－市場傳統相聯結的又一途徑，並成功地成為容納啓蒙－救亡意識和滿足作家的審美－獨創追求的園地。

〔註12〕李健吾《文明戲》，收《李健吾戲劇評論集》，中國戲劇出版社，1982年版，第17、18頁。

三、左翼文學作家對有政治背景的雜誌的滲透

第二次世界大戰，德意日法西斯的基本立場是反對蓬勃興起的國際共產主義運動的。但在淪陷上海，左翼文學仍然以曲折隱晦的方式存在並且獲得了新的發展。這種發展，乃是通過對有日僞背景的雜誌的滲透來進行的，在複雜和艱險的環境裏，編者們學會以巧妙的方式來繼續左翼文學對現實的關注和鬥爭品格，他們拋棄從前把文學作爲「傳聲筒」和「宣傳武器」的直接和急功近利，而轉向以曲折的方式和生動的形象，使自己的思想眞正滲透到作品裏去：這一是吸收市民小說的因素，以活生生的生活細節來貫穿自己的思想，使它植根於生動的原態生活本身；一是淡化意識形態色彩，以「正義」、「眞理」、「人類的向上性」等概念，取代「階級鬥爭」、「唯物辯證法」、「革命」等。通過這樣的巧妙轉化，它們佔有了相當重要的讀書市場，如《女聲》成爲唯一的女性刊物，《雜誌》亦成爲最重要的文學刊物之一。

（一）關露與《女聲》

女作家關露 30 年代開始寫作，在「九・一八」事變後，即參加上海婦女抗日反帝大同盟。1932 年加入中國共產黨，同時加入「左聯」。曾在中國詩歌會創辦的《新詩歌》月刊任編輯，詩作《太平洋上的歌聲》蜚聲當時上海文壇，並爲抗日電影《十字街頭》主題歌作詞，即傳唱至今的《春天裏來百花香》。1939 年冬至 1945 年，她受地下黨組織派遣，打入汪僞政權和日本大使館與海軍報導部合辦的《女聲》月刊任編輯。在該刊發表大量作品，最重要的有長篇小說《黎明》，同時以此作掩護，收集日僞機密情報。

《女聲》的主編左俊芝即日本的田村俊子。20 世紀初，田村俊子一進入日本書壇便以咄咄逼人的女權主義姿態問世，後被馬克思主義吸引，成爲著名的左翼作家。她從中看見了解放婦女的思想武器，更激發了要爲婦女的合法地位拼搏一番的熱情。1942 年她爲逃避感情上的尷尬和煩惱來到中國，作爲一個社會主義者，決心爲受男人欺凌的中國姐妹們做幾件實事。遂有了這年 5 月《女聲》的創辦。在創刊號，她明確提出，《女聲》就是婦女大眾「您們的聲」:「一、乃婦女呼聲；二、爲婦女而聲；三、由婦女發聲。……爲要達到這目的，我們盡量介紹有益婦女的文字，更兼極力搜求婦女所寫的作品。但爲增加婦女閱讀的興趣，除一兩篇比較嚴重的問題，用莊嚴端謹的筆調外，一概取輕鬆、風趣、淺顯、幽閒爲做法的標準。」《女聲》總的傾向是鼓勵婦女學習、上進以擁有一技之長，用勞動、工作來改善自己的處境，提高自己

的地位，是一份既能實際提高婦女素質、改變其思想，但又輕鬆有趣、能受到婦女大眾喜愛的雜誌。短短幾年裏，《女聲》的銷售額不斷上升，到了後期，除了平價紙，《女聲》已沒有任何資助，而上海的物價卻在日趨上漲。《女聲》能堅持出到1945年7月，並且不僅在上海，在整個華東、遠在北方的天津和北京，都有它的代銷處，這是讀者認定了它。

田村俊子爲了這份雜誌，可謂殫精竭慮，苦心經營，是猝死在爲《女聲》稿件排校的路上的。而編輯關露是《女聲》最重要的文藝作者，幾乎每期都有論文、小說、通訊刊載，以委婉的筆調，堅持進步立場，其中特別值得注意的有通訊《東京寄語》《東京憶語》，記述她以代表身份，參加第2屆「大東亞文學者大會」的種種見聞，她盡量迴避大會的內容，集中於對大會的氣氛及作家的描述，特別是詳細描繪了自己失眠、頭痛、神經衰弱、情緒失控等種種身心問題，以迂迴婉約、感傷沉鬱的文字，表達一個正直熱情的文人，卻以「大東亞文學代表」身份，面對複雜的現實情況，在「言與不言」之間內心的掙扎與痛苦。

她此時的小說，可分兩類，一類描寫自己所看取的種種人生世相，如《仲夏夜之夢》和《一個牛郎的故事》，形象地反映了此期部分作家已經意識到的一個問題，就是當封建藩籬被沖決後，愛情遇到的新的障礙——金錢和地位。這也正是她和同期愛情小說最大的不同：她不僅給我們這樣一個悲劇，而且還揭示製造愛情悲劇的根源，那就是其背後的「制度」——「資本主義」制度！

關露的另一類也是她最具有文學價值的作品，則是表現自我的，淪陷前有長篇《新舊時代》，此期有其續篇《黎明》。在這部小說裏，作者採取了一種類似於半自傳體的手法，表現一個單純女子如何被自身的種種經歷所觸動，走上文學創作、並進而傾心於激進的革命理想的心路歷程。在《黎明・小引》裏，她自稱「我希望在情節上能夠使它成爲一本故事詩，我就仔細拜讀了拜倫的《唐・璜》，我又希望它成爲一本較好的第三人稱的生活小說，又仔細讀過了《約翰・克利斯朵夫》」〔註13〕。事實上，《黎明》的確成爲此期少見的清新脫俗之作，這種「脫俗」，不是像東吳系作家那樣塑造一個隔絕現實世俗社會環境的「超俗」，結果是外雅內俗，迎合的恰恰是都市人的唯美幻

〔註13〕關露《黎明・小引》，《黎明》始載《女聲》第2卷第6期，至第3卷第12期止。

想，它是從「俗」中走出來，從個人現實的、世俗的、活生生的家庭、愛情、友情中穿過，帶著疑問、悲傷、不解，也帶著發自生命本身的熱情、向上，吸取著她能夠吸收的最珍貴的贈與，是這種對於人生終極意義和理想的始終不停的探尋和追問，造就了她的「脫俗」。在這裡，是的確有一點約翰．克利斯朵夫那樣的不斷追求並不斷自我超越的影子的。

小說分三部分，「彷徨」、「初戀」、「潮」。作品以散文的筆調，寫女學生杜菱對家庭、愛情逐一感到幻滅後，開始認眞審視自己和身邊朋友的愛情悲劇，有了新的精神渴望，這就是寫作，在創作中感到了人生的意義。但是「她彷彿在追求一個什麼東西，但是那東西始終沒有被她找到。」這東西，直到她認識了激進的文學青年王瑜，接觸了左翼思想，才眞正找到，這是「潮」的內容。她開始意識到「文學不只是一種美麗的夜晚和明月，而是一種熱的、蘊藏著世紀呼聲的東西！」這個「文學」就是左翼文學，因爲它與傳統文學的明顯不同之處便是「它把審美意識之於實踐的意義張揚到一種空前高度……文學不再成爲可有可無的精神或心靈上的撫慰品，它的改寫和創造歷史的功能，使它擁有了重新規範生活的力量。」〔註 14〕，而這正是激勵杜菱的主要原因。

正如有論者指出：「關露的思想、感情和人生意態是尖銳的，但她整個生命的外在形式是溫潤、柔弱的。」〔註 15〕她的作品也是這樣，其內在精神，是進取的、尖銳的，但是其外在形式，卻是柔弱的和溫潤的，她的語言極其溫婉、細膩，情節進展非常緩慢，感情發生也是遲緩的，猶疑的，往往是不確定的，有時我們會覺得她寫得過於瑣碎、過於纖細也過於平淡了——這是關露的氣質：「我們的作品，大概是平，平就等於我們生活中不可缺少的——鹹。平平無奇的論調，就是千古不易的妙諦和眞理」〔註 16〕。的確，小說的敘述角度很低，它不厭其煩地描述處於發育期少女的身體狀況、描述她那些非常纖細、非常難以捉摸的情緒變化和思想活動，還很注意寫出杜菱思想變化賴以產生的現實人生事件，使人深切體會到，對於杜菱——關露而言，對馬克思主義的信仰有一層非常貼身的意義，就是它是唯一能夠解救女性於被

〔註 14〕馮奇《左翼文學話語的性質和功能》，載《現代文學研究叢刊》2002 年第 2 期。

〔註 15〕李林榮《鐵血時代的一縷柔光》，載「虹影叢書」之《關露小說．仲夏夜之夢》。

〔註 16〕見《女聲．餘聲》第 1 卷第 3 期。

侮辱、被損害地位的東西，因此，馬克思主義成爲一種內在的、一種以自我生命體驗到的、深深紮根於她的內心深處、和個人的現實生命處於同一層面而不是外在的和想像的東西。這也在很大程度上提升了淪陷期上海「身邊文學」的品質。

（二）《雜誌》

《雜誌》是淪陷上海最重要的文學期刊。原創刊於 1938 年 5 月，是一份政治刊物。曾經因爲明顯的抗日言論兩度停刊。1942 年 8 月復刊，成爲以文學爲主的雜誌。它的主編、社長吳誠之、羅烽等都是打入敵僞的地下黨員，他們的活動極大地改變了《雜誌》的面貌：它一方面大力扶植眞實反映現實生活和時代精神的作品，一方面保持了一種俯瞰上海文壇的氣勢和重視文學批評精神的立場，它是此期發表文學評論最多的雜誌，其主編吳誠之，就是此期最爲重要的文學批評家哲非。

哲非在淪陷前主要從事左翼新聞工作，但對文學藝術也有濃厚的興趣，並聲言自己最喜愛「十八九世紀的俄國文學」，作爲《雜誌》主編，他先後發表了十餘篇體現了左翼文藝社會學性質的評論，注重以馬克思主義的文學理論知識，高屋建瓴地闡釋文學在現社會中的作用和意義，強調積極、建設的文學觀。例如，對近三十年的新文學，他一針見血地指出其不足：「這二十多年來，我們沒有產生過足以將中國的現代文學介紹到世界去的優秀代表作。迄目前爲止，中國文學者中得享世界聲譽者，與其說是以小說家姿態出現，毋寧說是以一個文學鬥爭家的地位被人認識者居多。這正是中國小說創作進展中的一個特點：即中國現代創作家的活動，同時還不得不兼顧文學以至理論鬥爭的工作。」但是對此他卻是肯定而不是非難，因爲「中國新文學運動的誕生，適在中國國家與民族最苦難的時代，文學的創作活動不能僅僅以純文學的工作爲滿足，它不得不與國家民族的命運相聯繫。一個作家而由理論鬥爭而捲入實際的政治活動，就文學的本身言，雖爲不幸，但這卻是現代中國作家注定的命運。」〔註 17〕肯定了文學的現實鬥爭品格。

但另一方面，對淪陷初期上海文化界一度出現的冷落、消沉的景象，哲非又以文化的超現實品格，鼓勵作家們的創作熱情和信念：「文化的存在，本身即屬一個獨立的主體，是人類創造歷史活動的一環，它雖受時代條件的種

〔註 17〕哲非《小說的貧困與出路》，載《雜誌》第 13 卷第 6 期。

種影響，但其存在並不屬於任何一種時代的特殊條件。將戰爭的大帽子冠在文化頭上，並不能改變文化獨立存在與其自然發展的意義。」〔註 18〕「文藝工作是自由的，純粹的文藝，以人性爲基礎的文藝，是決不受任何時代的現象所限制。政治所能限制的是文學與藝術的人身而非其本身。」要求文化人「不受時代現象的心理要求而爲藝術本身努力。」〔註 19〕表面看來，哲非的這些觀點是自相矛盾的，但是當我們從他的「戰鬥」精神出發，我們就會發現它的內在同一性：也就是，在淪陷區堅持積極認眞的創作本身，不讓精神跨掉，就是無聲的「戰鬥」。這樣哲非也就在無形中用將左翼文學理論強調的「階級性」置換爲「人性」，即他反覆提到「人類的向上性」、「正義」、「眞理」等等。他還有不少文章，都對當時的文學論調、文學現狀給予及時、準確的回應：針對滿足於「身邊瑣事」反對追求偉大文學的論調，他尖銳地指出其目的在於取消文學批評，取消文學的思想性〔註 20〕，針對敵僞炮製的「民族主義文學」，他提出中國需要的「民族主義文學」，與法西斯的「愛國主義文學」有根本區別，是要注重表現中國人民的現實生活、文化傳統和民族心願〔註 21〕，等等，以曲折的方式，保持了左翼文學批評的思想鋒芒和力度，並且有自己的發展。

《雜誌》還掀起過對於「新文藝筆法」的討論，可與《萬象》的「通俗文學運動」對照了看。如果說後者表現了通俗文學「上升」的趨勢，它則體現了精英文學一定程度上的自我反省和堅守。這場論爭以第 10 卷第 5 期李默《論「新文藝筆法」》拉開序幕。李文以巴金作品爲靶子，對「新文藝筆法」發難：「這裡所說『新文藝』，的確含有嘲笑的成分的，毛病就出在內容極是平常之事，外表卻裝得『了而不得』，……腔勢盡使在外邊，不從實際情勢的需要上表現，而在詞句上發泄完結，看了使人感到肉麻而已。」主張新文藝作家學習舊小說的簡潔明快。接下來的幾期出現了部分作者的回應：哲非的《新文藝的內容問題》，石木的《新文藝的怪腔問題》，承認「一般作者只注意了新文藝的形式而忽視了內容，甚至濫用形式的結果，有埋沒新文藝本身價值的可慮」。但是對李文要求作品簡明可讀甚至向「章回小說」學習的說法表示異議：例如石木認爲「用形象的言語來傳達眞實的印象是必要的」、「文

〔註 18〕哲非《文化人何處去》，載《雜誌》第 9 卷第 5 期。
〔註 19〕哲非《文藝工作者之路》。
〔註 20〕哲非《關於文學批評》。
〔註 21〕哲非《民族主義文學及其他》。

藝的表現一定較之客觀的事象來得誇大，……誇張的描寫，是新文藝筆法之一」。

討論趨於深入，在第 11 卷第 1、2 期上推出了兩個「新文藝寫作問題筆談特輯」。值得注意的是部分作家抱持的新文藝立場：新文藝不但必要，而且問題不在它過於繁複，乃在於它的發展還不夠：對現代生活的觀察和理解不夠、現代語藻不夠、表現力不夠。並提出了與整個 40 年代流行的「大眾化」不同的文學立場，如丁三（楊晉豪）強調「形式是展開內容的唯一手段」、「爲使文藝進步，似乎不必爲使大眾聽得懂而降低表現技術，反之，應提高大眾的欣賞程度去體會表現技術精湛的作品」。並認爲「讀得懂與否，這不是批評的標準」。文章最後尖銳指出，「時下的一般新文藝作品倒是患了另一種毛病，就是寫得太簡陋。人物沒有逼眞的容貌，顯著的個性，其背景也缺乏時空的特徵，不知道在必要的場合去做放大的特寫，對於中心題材做細密的構思——不充分」。〔註 22〕表現出新文藝尚需進一步完善的要求；馮三昧更提出，現代人的生活以如此豐富、知識積累如此深厚、「對事物的感覺，其銳敏亦是驚人，能從五個母音分出五色，從繪畫中聽到音樂的節奏」，因此，「從前簡勁的文藝筆法，用以表現古人簡樸的生活經驗，還可左右逢源；但用來表現現代人的生活，就不夠應用了」，「也就是非另創一種文藝筆法，以適應現代人所需要的表現形式不可」。〔註 23〕

以對「新文藝筆法」的發難始，而以對「新的」文藝表現手法的肯定終，表現了新文學已經意識到自身的種種問題和局限，並力圖走向深入和豐富的努力。這並不像一些論者認爲「實質上都屬於文藝的大眾化問題，對於通俗小說是一種從反面的肯定和鼓勵」，〔註 24〕而恰恰表現了新文藝對自身立場反省後的堅持：新文藝是反映現代生活、現代人感情所必需的，目前需要的不是簡化而是擺脫簡單的摹仿，並作進一步的發展和深化。

羅烽淪陷時期協助袁殊從事地下抗日情報工作，即《雜誌》社的主要負責人「魯風」。此期他的創作不多，然而，當他 1942 年患精神病住院治療又康復出院後，即用紀實手法，將自己患病期間的經歷和感受，寫成了約十四萬字的長篇《瘋狂八月記》，這是一部對於自己患病全過程的紀實描繪，是一

〔註 22〕丁三《文藝的表現技術》，載《雜誌》第 11 卷第 2 期。
〔註 23〕馮三昧《新文藝的內容與形式》，載《雜誌》第 11 卷第 2 期。
〔註 24〕孔慶東《超越雅俗》，第 116 頁。

部神經的「病痛史」，它從始至終詳細描繪了身體如同一架大機器，怎樣一點點出現問題，終至於崩潰。由於這不是一般意義上的病痛，而是精神的崩潰與失控，因此題材雖爲寫實，卻比一般寫實作品有更深刻的寓意。

「五四」新文化的發軔期，魯迅有著名的《狂人日記》，其意不在「狂人」本身，意在以「狂人」之眼，透視中國五千年文明的實質，不過「吃人」二字；這是又一篇「狂人日記」，其意卻正在自身：「瘋狂是這樣開始的」、「古怪的感受」、「死一樣的心境」、「爆發不出笑來」、「頭腦已不是我所有了」、「道地的神經錯亂者」……一個個小標題揭示出一種令人驚心動魄的瘋狂世界，這是精神的崩潰、是我們傳統文學從來未存觸及的暗無天日的生命黑暗。隨著精神的崩潰，他的身體也垮了，「身體是一堵破牆」、「胃一定是壞了」、「肚皮裏的聲音咚咚咚」，他開始絕望，因爲這只是「無盡的磨難」、「可憐地活著是種浪費」，他尋思「怎樣可以死得爽利一些」，並且眞的跳樓自殺。應該說，他所有的妄想中這一種是最可怕的：「我四肢的活動將全部停頓，但我仍是個活的人，我的心將不會熄滅，因爲我感覺我的心跳躍得非常強烈，這樣強烈跳動著的心，決不會很快的熄滅，我的身體當然不會死，但是肉體的麻木不仁則是一定的了，所以，我將很快的變成一個活的木乃伊。」這是個何其悲慘的圖景！

他產生各種幻覺，以及各種被迫害的想像：「醫生之所以要把我和我的家屬隔離一定是一種有計劃的陰謀」、「什麼人都在騙我」、「這世界上一切的人都已變成了我的敵人」……他感到「我的人性眞的從我身上更快的失去了，而一種可怕的獸性在我性格上生長著」，活著僅僅是「徒刑、無期徒刑、死刑」……

整整 14 萬字，描繪了發瘋——絕望——開始治癒的全部過程。這樣的精神煉獄，作者有勇氣去重新回溯一次，表現了對時代的黑暗和對人的扭曲的深刻認識：「我」爲什麼會瘋狂、爲什麼會不斷出現這樣的句子：「我擔心著怎樣度過這一天，甚至擔心著怎樣度過眼前的一分鐘一刻鐘」、「我下了決心，一定要和他們這些惡人鬥爭，來爭取自己死的自由」……這是何其沉痛的話，它不正表現了淪陷區人民度日如年的那種如置身地獄般的心境嗎！

更深一層看，如果說魯迅《狂人日記》是「啓蒙」精神的象徵，《瘋狂八月記》便可以說代表了那種對人的歷史性存在向「個人」的本體性存在的關注的位移。它揭示的是深不可測的存在的黑暗，充滿了直面個體存在的勇氣和探索的精神，是一個非常値得注意的現象，這一點，他的同時代人已有發現：「也許瘋狂的人，原就是正常的人。」「人間存在之深底，不是閉關著的，而是開向於、差不多接近在瘋狂與動物性的無底的深淵。善惡、愛憎、有向天堂的路，也正對著地獄之門！人間之存在，是無底的存在；人間存在，不單是合理的存在，也是非合理的。要不想著這一層，只想著把人間的存在處置於合理的時候，則其將有意外之破綻發出，毋寧是當然者矣！」〔註 25〕這個「不合理」即非理性的存在，也是「現實一種」。它是扭曲、黑暗、變形的現實，以其直面生命癲狂與痛楚的勇氣和冷靜，提升了「身邊文學」的品質。

四、同人雜誌的創辦

「五四」一個重要的現象就是社團流派的風起雲湧以及與之相適應的同人雜誌的出現。它以思想上的相契、文學上的志趣相投，表現出對功利主義的擺脫和對獨立自由精神、自我個性的尊重。而自 30 年代起，上海在濃厚的商業背景和意識形態紛爭之中，同人雜誌漸趨萎縮。到淪陷時期更墜入最低谷。因此在 1943、1944 年間一部分作者創辦的「同人雜誌」，其影響雖然不大，但是他們表達了自己不同的文學追求，表現了對審美－獨創精神的一定程度的繼承，並爲淪陷上海文學增添了新的內容和質素，是一個値得重視的現象。

（一）馬博良、鄭兆年和「兆年書屋」

這是一批年輕的作家、編輯，他們以自己的編輯、創作，留下了置身亂世、一個個心情浮動、對國家前途和個人生活毫無把握的青年人眞實的思想表達，是比較歐化的青春型創作。同時他們也表現了自己在文學上的野心，體現出若干新的追求和方向。

馬博良素有「神童」之稱，就讀大學期間與鄭兆年等組織「兆年書屋」，於 1944 年 1 月頗有野心地創辦了雜誌《文潮》，並自號「上海唯一大型純文藝月刊」。他們對上海文學的現狀頗有不滿，追求文學反映現實社會人生的嚴肅性，並努力擴大眼界，吸收了不少華北作家如李同愈、吳伯簫、雷妍等人的作品，顯得質樸、清新，基本上擺脫了同期刊物的都市氣息。

作爲主編的馬博良，値得注意的是他每期刊出的《每月小說評介》，及時、

〔註 25〕君匡《再生之圖式（序〈瘋狂八月記〉）》，載《雜誌》第 13 卷第 2 期。

迅速、簡潔地對當代作品做出反應，且完全致力於對年輕作家作品的推薦和評價，他的評介主要從內容、傾向、藝術特色等方面進行，尤其難能可貴的是在二、三百字的短短篇幅內，還能指出作者存在的局限以及這一局限對作者所可能造成的危害。淪陷時期的上海文壇創作多、評論萎縮，馬博良這種尊重作家但絕不吹捧諂媚、從作品出發而不是從觀念出發的頗有銳氣的批評，也帶來了一種良好的批評風氣。

馬博良的創作不多，值得一提的是《魔城花絮》，是一種有幾分像詩、又有幾分像散文的特殊的文體。它由若干小節組成，以一種超現實主義的筆法對上海做描繪。他追求的不是寫出上海的「形」，而是要描摹出它的「神」:「從人民的歡笑、跳舞、餐飲、從衣服和裝飾的裏面，從洗潔的鑲嵌的外部的裏面，看出一種秘密的潛藏的厭惡和絕望」〔註 26〕。以超現實的寫法，曲折地傳達出了淪陷上海在「國際大都會」名義下的混亂與鬼氣。

同樣身爲大學生的鄭兆年推出過文藝刊物《潮流》和號稱「青年刊物」的《碧流》，它們由大學生集資組成，壽命雖不長，但是那種新鮮銳利的氣息，卻承繼了「五四」以來的同人刊物性質。其中《碧流》作爲「今日青年唯一的讀物」〔註 27〕，很注意發表此期最爲薄弱的雜文，沙駝的雜文《鴛鴦蝴蝶派》，對目前言情小說泛濫的文壇提出了尖銳的批評:「雪地冰天裏，看到一隻蝴蝶一對鴛鴦，倒也是心靈上一種小小的安慰，因爲這些於鴟梟或蛇蠍究竟親切的多了。但是鴛鴦蝴蝶到了麻醉人們忘懷了現實時，則其功過又當別論了吧。」並認爲:「銷路旺也就足以證明鴛鴦蝴蝶派的價值了，這種推論自然不通，一樣東西的流行與否，與其本身價值本無多大關係。」而王芸的《我們怎樣閱讀古書》，其現實意義在於批判由日僞政府掀起的復古逆流，但它對於今天更重要的價值在於它對「五四」以來對傳統文化不加研究而多作批判的現象做出了檢討，提出了批判和繼承之間的關係等問題，這些見解，的確是很有見識和價值的。

《文潮》和《潮流》還發表了不少反映淪陷青年心態的小說，例如白文的《午門》和端木紅《紅豆的故事》，充滿青年人厭倦、虛幻的情緒：前者寫從人生戰場退隱的「我」對生活的厭倦，甚至戀愛都只會增加我的疲倦，只嚮往一個人生活、遠離人的生活，那種深刻的疏離和落寞，很有幾分加謬小

〔註 26〕馬博良《魔城花絮》，載《文潮》第 7 期。
〔註 27〕鄭兆年《編後》,《碧流》第 6 期。

說《局外人》的情調。後者以時代的大動亂爲背景，寫一個將戀愛當作精神支柱的青年，是個清新淡雅而又憂鬱的「單戀」故事。它們從側面提供了一份材料：在這樣的「人鬼雜陳」的特殊環境裏，青年們眞實的思想感情、他們的茫然心境，爲亂世之人留下了一份心靈的寫照。

（二）路易士與「詩領土」

路易士在這批作家中稍微年長。他在 30 年代便開始寫詩，並逐漸轉向現代派，成爲淪陷上海始終鼓吹現代詩的唯一一人。淪陷上海是新詩的最低谷，這種蕭條的狀況能在 1943 年以後重新出現活躍之勢，與路易士積極的文學活動密不可分。

在文學低氣壓的時代，路易士卻始終保持了一種佻躂不羈、傲然不群的姿態，並煥發出旺盛的創造力，在 1943 和 1944 年兩年，他就出版了《出發》和《三十前集》兩個新詩集。路易士的現代派詩歌最值得人注意的，乃在於他顯示出擺脫制約新詩發展的兩大桎梏的努力，這兩大桎梏，一是中國古典詩歌的感傷抒情氣息及其古典意象，一是西方現代派詩歌的歷史文化內涵以及相應意象。這又集中體現爲戴望舒式的古典和李金髮式的晦澀。路易士斷然地拒絕了影響現代詩歌的這兩大傳統，他將自我從「歷史」、「社會」、「文化」的長河中懸置起來，使「我」盡可能少的受到既定模式的影響，而用一種眞正屬於「我」的眼光來打量和認識這個世界，獲得自己的理解。於是構成詩歌動力的因素由「情」變爲「智」，它不再作用於讀者的心靈的愉悅，而致力於思維層面的自省，以及認知上的野心與熱情。

同時他致力於現代詩的理論研究，在《什麼是全新的立場》〔註 28〕上他說：「內容形式上兩者都新——這就叫做全新」。內容的新，主要是「放棄了過去的抒情的田園，來把握現代文明之特點，科學上的結論和數字，」爲了把這層意思說得更透徹，在《從廢名的《街頭》談起》〔註 29〕，他以「詩素」一詞來概括：「新詩追求新的表現，是以新的『詩素』之認識、發掘與把握其必然之根據的。……而新詩與舊詩的區別，可以說主要在於前者的『詩素』是新的而後者是舊的這一點上。」他舉例，新詩如果只是把舊詩的「月如鉤」改寫成了「月亮好像鉤子」，雖有語言上的文白之分，但詩素還是陳舊的；但若寫成「肺病之月」或「鍍鎳的月亮」，詩素就是新的了，這樣的詩也才是眞

〔註 28〕載 1944 年 12 月《詩領土》第 5 號。
〔註 29〕載 1945 年 2 月《文藝世紀》第 1 卷第 2 期。

正的新詩。這一見解可說澄清了新詩一個混亂的狀況：「新詩」不僅僅是白話入詩，更要求詩歌具備「現代」的思想觀念和生活感受，以及與此相適應的文學意象和象徵。

路易士在淪陷上海發起過兩份純文藝刊物。這兩份，其中之一是他和北平的詩人南星、楊樺三人於 1944 年 9 月共同發起、輪流主編的《文藝世紀》季刊，它「以研究及介紹世界文藝並從事整理我國歷代文藝的遺產以及創新文藝爲宗旨」，分爲「世界文學之部」、「文學遺產的整理」、「散文與詩」和「小說之部」四大塊，尤其注意於純文藝理論的翻譯和研究，如《希臘的餘光》《論默劇》《論散文要素》《論表現手法》《談詩》《談莎士比亞悲劇〈麥克白〉》《新文藝書話》等，即使在今天都頗有一讀的價值。其中的散文如《旅店及其它》《古城》，更是優美、靜默、字裏行間無不刻下「此時此在」的人生印記，顯出一種世界性和永恒性。小說則注意形式表現上的「新」，處處與流行的通俗化、大眾化風格唱反調，也算是「獨標高致」了。

不過，路易士最重要的文學活動，乃在於以他爲首創辦了一個新詩社團：詩領土社。並有「純詩與詩論」的同人雜誌《詩領土》月刊出版。

「詩領土社」於 1944 年 3 月在上海成立，發起人除路易士外，還有其它淪陷區如北平、南京、鎮江等地的詩人董純榆、田尾（即路易士的弟弟魯賓）、南星、葉帆、石夫和陳孝耕共七人，路易士爲其精神領袖。

在《詩領土》第 3 號，他們公佈了本社的「同人信條」，一共三則：「一、在格律反對自由詩擁護的大前提下之各異的個性尊重風格尊重全新的旋律與節奏之不斷追求不斷創造」，「二、草葉之微宇宙之大經驗表現之多樣題材選擇之無限制」，「三、同人的道義精神嚴守目標一致步伐一致同憎共愛同進退共成敗決不媚俗諛眾妥協時流背棄同人共同一致的立場」。簡言之，就是極端的個性化立場，它一方面表現在對詩人「自由」個性、創造力的極端強調，另一方面表現在對「大眾趣味」的決不妥協，總的來說則以「現代詩」爲致力的方向。

詩領土社對成員的吸收則相當寬鬆，它聲明：凡投稿該刊「經發表一次以上者」，並經「自動備函申請加入」，即可成爲該社成員。這樣，《詩領土》儘管只出了 5 期，但是成員卻增加到 70 多人，它吸收了華北、華東各淪陷區絕大部分的年輕詩人，不論在對年輕詩人的發現和引導、還是在詩歌理論的探索與研究上，以及作爲一個出版社對新詩、新人的扶植上，都當之無愧地成爲新詩在其凋落時期唯一的陣地和營壘。

整個淪陷上海文壇基本上出現了由市場制約文學產品的局面，同人雜誌及文學社團極爲罕見，在舊派作家編輯的刊物上，舊體詩詞風行一時，根本不見新詩蹤影，新詩陷入「五四」以來的最低谷。在這樣的環境中，路易士始終堅持其現代派詩歌主張，以自己的創作實踐和理論研究，探索如何用現代漢語表達一個現代中國人此時此在的生存感，他的很多作品，總是給人一種清新而又怪異的體驗，——事實上，它正在改變我們自唐詩以來的「抒情」、「審美」的詩歌傳統，也拒絕來自西方的複雜晦澀的文化歷史內涵，展示了一種嶄新的現代詩的發展方向。張愛玲對這一點是有意識的，她談過路易士的詩後，又說：

> 在整本的書裏找到以上的幾句，我已經覺得非常之滿足，因爲中國的新詩，經過胡適，經過劉半農、徐志摩，就連後來的朱湘，走的都像是絕路，用唐朝人的方式來說我們的心事，彷彿好的都已經給人說完了，用自己的話呢，不知怎麼總說得不像話，眞是急人的事。〔註30〕

儘管這批同人雜誌影響並不很大，但卻以大膽獨立的思想、對審美獨創性的強調，爲淪陷上海文壇增添了一抹富有先鋒意識和探索性的光彩。

〔註30〕《詩與胡說》，載1944年8月號《雜誌》。

第七章　悖離現代文學傳統的「大東亞文學」作家

上海淪陷期間，爲了適應汪僞政府的賣國行徑和日本帝國主義的侵略策略，曾誕生過一種政府文學，它包括早期與汪僞政府 1939 年策動的「和平救國運動」密切相關的「和平文學」，企圖利用文學擴大其「和運」宣傳，使文學爲其漢奸政治服務。到上海淪陷後，又與日本法西斯文化勢力策動的、旨在宣傳日本的「大東亞戰爭」的「大東亞文學」沆瀣一氣，而反對共產主義，是其一貫的取向。可以說，它們都是爲適應日僞統治的需要而形成的宣傳工具，與現代文學的三種傳統均相悖離，是一種僞文學。更通俗的稱呼就是漢奸文學。

淪陷上海的漢奸文學聚集地，最重要的是汪僞集團宣傳骨幹朱樸於 1942 年 3 月推出的文史月刊《古今》(後改爲半月刊)，此刊雖反覆聲明「完全是一個私人刊物，一個百分百的自由意志的刊物……」〔註 1〕但是朱樸自己亦明言：「對於《古今》幫助最多而最力者要推周佛海先生。每逢《古今》遇到困難的時候，他總不吝賜以精神及物質的幫助。」〔註 2〕《古今》的主調是迴避現實，而專爲沉溺於古今人物掌故、史實鉤沈，彌漫著清談氣、狐鬼氣、蕭殺氣。它的主要作者，儼然是汪精衛、周佛海、陳公博等政權首腦，還有當時漢奸文壇的頭面人物和活躍分子周作人、梁鴻志、沈啓無、謝剛主等等。除此，柳雨生主編的以「純文藝」雜誌相標榜的《風雨談》，以及古今出版社

〔註 1〕朱樸《滿城風雨話古今》，《古今》第 9 期。
〔註 2〕朱樸《古今兩年》，《古今》第 43、44 期。

和太平出版公司，都是漢奸文學較爲重要的堡壘。

漢奸文學仰賴日僞政府勢力，召開「大東亞文學者大會」共三屆，建立僞作家組織，如「作家聯誼會」、「中國文學總會」等等，以金錢物質扶植了一批充當宣傳工具的雜誌如《文友》、《文協》，還將不少愛國的商業性刊物列入爲文學組織名單，如《萬象》《大眾》《紫羅蘭》《小說月報》都被納入「上海雜誌聯合會」，定期強令主編「開會」。表面看起來熱鬧一時，但由於背離人的基本道德常識，出賣了大眾的基本利益，因而得不到讀者的歡迎，稍有義感的作家編輯也盡量與之劃清界限，即使迫不得已被捲入，也持不合作態度，不能正面罵，便盡可能在側面敲打，如周瘦鵑在「上海雜誌聯合會」的例會上，指責日本對中國「支那」這一帶有侮辱性的稱呼，〔註3〕因此，眞正在日僞的威逼利誘之下，助紂爲虐、積極配合的作家，只占極少數；而眞正爲日僞侵略、賣國政策服務的文學作品就更少，而其中還能有「文學價值」的，幾乎可說是絕無僅有。

所以我這裡主要關心的，是這樣一批作家，他們不乏才情和能力，甚至有堪以自豪的過去，那麼，是什麼原因使他們成爲「大東亞文學」的發動者和積極的參與者呢？我發現，叛離社會、輕視民間市場、投靠強權政治的復古思想逆流，和一方面是所謂「孤芳自賞、山林隱逸」的自傲和個人奮鬥的自得、一方面是唯強是倚、唯利是圖的軟弱奴性的二重人格，幾乎成了他們共同的特色和取向，下面我將進行詳細的闡述。

一、周佛海：「個人奮鬥者」的歧途

傳統中國文化並不缺乏個人奮鬥的概念：「十年寒窗無人問，一舉成名天下知」。「書中自有顏如玉」、「書中自有黃金屋」，它是相當鼓勵個人進取的，當然，其結果仍然是：「學得文武藝，貨與帝王家」，爲統治階級服務。周佛海正是這樣一個「個人奮鬥者」。作爲留日學生、中國共產黨最早的黨員之一的周佛海，出身貧寒，少年苦學，青年有爲，中年身居國民黨要職，淪陷時期，則是汪精衛成立僞政府的主要策劃者與組織者，也是汪僞政權中有相當實力的人物。同時，他自詡「服官15年，始終不脫書生本色」，〔註4〕具有較爲深厚的古文功底和流利的白話文表達能力，文字清健有力，在淪陷時期，

〔註3〕周瘦鵑《寫在紫羅蘭前頭》，1943年8月《紫羅蘭》第5期。
〔註4〕周佛海《自反錄》，《古今》第9期。

寫作了不少頗具文學價值的作品，是《古今》半月刊的重要撰稿人，部分作品被《古今》出版社結集成書，即「古今叢書」第1輯的《往矣集》。他從30年代初期開始記日記，內容主要是每日接觸的各類人物，重要談話要點，自己的思想情緒，對國內外大事的看法，以及家庭糾紛等等。他的日記言簡意賅，是一份研究淪陷上海的重要史料，也能從中瞭解周圍人的思想。

周佛海的文章在當時頗受歡迎，但是這個受歡迎主要來自於他的複雜的個人經歷和顯赫的身份：作爲經歷複雜的政界要人，他善於將枯燥乏味但重大的政治事件與自我眞實的情感體驗相結合，寫得有起有伏有山有水，能夠引起讀者的感慨與共鳴，更重要的是滿足了一般市民對「大人物」的窺視欲。《古今》第3期《苦學記》，回憶自己年輕時候勤奮上進、苦學知識；第9期《自反錄》，是對自己的反省，認爲自己成敗皆在一個字：眞；第13期《盛衰閱盡話滄桑》，以及收入《往矣集》的《扶桑笈影溯當年》，將重大的政治事件（例如與共產黨的決裂）寓於個人的情感體驗之中，較爲眞實地披露了個人面臨重大的政治抉擇和變化時的情感波動和想法，《走火記》《病後》，則是對自己遭遇的南京住宅失火和一場大病事件的及時紀錄。就是這些文章，在當時轟動一時：第4期《古今·編輯後記》稱：「上期本刊周佛海先生《苦學記》一文刊出後，中外各報章雜誌無不爭先載譯，成爲出版界一時之盛事。」1943年1月，「古今叢書」第一種推出他的作品集《往矣集》，朱樸作序：「在過去十數月的《古今》中，雖然名作如林，無篇不精，但是最爲讀者所歡迎各方所最注意的，當推周佛海先生之作爲第一。……第三期的《苦學記》，第九期的《自反錄》，第十三期的《盛衰閱盡話滄桑》，每一篇文字刊出後，中日各報，紛紛轉載；南北讀者，競爭購買；這種盛況，至少可說是四五年來國內文壇上所未睹的了。」朱樸的話自然不乏諂媚的成分，但也道出其文章受歡迎的事實；《往矣集》推出不久，即一版再版，「在一年之內，竟出到第8版，在近數年的出版界中，也可以說是稀有的現象」〔註5〕，這個現象是值得分析的，其所謂「暢銷」除了「奉命購買」的成分外，恐怕更多是他作爲政府要員的顯赫身份對讀者具有的吸引力。馮和儀（蘇青）就直言不諱地說：「我愛聽做官的人講私生活，不喜歡看小百姓寫官樣文章」〔註6〕，大概也道出了一部分讀者的心態？

〔註5〕周佛海《〈往矣集〉日譯本序》，《古今》第40期。
〔註6〕蘇青《古今的印象》，《古今》第19期。

在字裏行間，周對自己是頗爲稱許的，例如「一個青年，要有理想，有抱負，有野心。否則，便沒有靈魂。有了理想、抱負和野心，而又要刻苦，鍛鍊，和努力，否則，便是狂妄。不是我自負，我在青年時代，是有靈魂的，同時，也絕不狂妄」〔註7〕。他對自己最稱許的是什麼呢？那就是自己始終是一個頑強的個人奮鬥者，始終爲自己的前途、名利、地位，不遺餘力地努力著、爭取著，沒有一刻放鬆、怠惰、放棄，「根據我親自的經驗，深信一件事的成功，固然要繫於時代、環境和機會多方面的條件，但是人的努力，乃是各種條件中的基本條件」〔註8〕。

但是，這個個人奮鬥者周佛海在思想上又並不認同「個人主義」，而處處以一個正統儒家自居，他「是以曾國藩的私淑弟子自居的」，寫日記的習慣也得自曾國藩〔註9〕。而儒家文化從本質上講是一種倫理文化，它是入世的、世俗的和務實的，儒家式的個人奮鬥也只有在仁學體系中才能形成某種人的高尚意志，只有將個人置於群體之中，並以敬重周圍生命爲其人格傾向，才能產生一種執著而無畏的人類意志。相反，這種道德哲學與個人主義的利己思想相融合時，它的必然結果只能是退隱、懦夫、奴顏媚骨。而周佛海卻正體現了這種極端利己主義者的人格二重性：我們不僅能在他的作品裏不時體會到一種「前程渺茫，人生如夢」的慨歎，在他的《日記》裏，更能看出這種利己主義所導致的內心卑怯：抗戰伊始，他便在日軍的隆隆炮火聲中悲觀喪氣以至絕望：「前途暗淡已極；亦不知當局做何企圖也。外交形勢亦無實際援助，軍事上抵抗力日漸減少。悲觀萬分。」〔註10〕「聞德國調解失敗，焦灼萬端。命運已定，無法挽回矣！未知吾輩死在何處也。」〔註11〕甚至斷定時局是「戰必大亂，和未必亂」，正是基於這種悲觀喪氣的心態，他認定只有投降才是唯一的出路，因此積極籌劃於「和平救國運動」〔註12〕；而面對同樣是破碎的河山，一當成爲僞政府的主要領導後，又表現出十足的志滿意得：「一年努力竟達目的，彼此甚爲欣慰，大丈夫最得意者爲理想之實行。國民政府

〔註7〕周佛海《扶桑汲影溯當年》，收入《往矣集》。

〔註8〕周佛海《〈往矣集〉日譯本序》，《古今》第40期。

〔註9〕周之友（周佛海之子）《關於周佛海日記》，《周佛海日記》，第1頁，蔡德金根據「中國第二歷史檔案館中華民國史料叢刊」編注，中國社會科學出版社，1986年版。

〔註10〕《周佛海日記》1937年11月14日。

〔註11〕同上，1937年12月11日。

〔註12〕周佛海《回憶與前瞻》，上海《中華日報》，1939年7月22日～24日。

還都，青天白日滿地紅旗重飄揚於石頭城，完全係余一人發起，以後運動亦以余爲中心，人生有此一段，亦不虛一世也。」〔註 13〕「赴中行滬分行，……二十年前流浪於黃埔灘頭，不圖今日能做黃埔灘上一大廈之主人，人生如此，亦足自豪。」〔註 14〕前後心情的截然不同表現了，周是將身家性命、地位名利放在第一位，其次是黨派利益（例如他爲自己「和平救國運動」辯護的主要理由是抗戰無益於國民黨的利益，「共產黨，桂系以及一切失意分子，都很明白的知道抗日是倒蔣的唯一手段。他們因爲要倒蔣，所以高唱持久的全面戰爭。」〔註 15〕這種典型的政客心態，自然會令他「惟強是倚」，唯利是圖，什麼國家民族、眞理信念，全不是他所關心的了。

汪僞政府基本上是一個文人政府。除周佛海外，汪精衛以及陳公博、胡蘭成等人在當時文壇上也相當活躍，在思想上與周多有類似之處。其中陳公博的作品較可一讀，他的文章也主要在《古今》上發表，並在 1944 年集結爲《寒風集》，由上海地方行政社出版。分《甲篇》和《乙篇》兩個部分。《甲篇》主要是平生事蹟的回憶，例如《我與共產黨》《改組派的史實》等，《乙篇》主要是一些散文或隨筆，例如《偏見》《貧賤交與富貴交》等。他在《寒風集序》裏，說明自己出這本書的原因，是因爲朋友們「看了我的嚴肅的外表之後，還想探討我的眞正內心」。他是把這本書作爲「自傳」看的。《寒風集》最重要的要推長文《我與共產黨》，這篇文章詳細回憶了他由共產黨最早的發起人之一到與之決裂、最後成爲仇敵的過程，最有意思的是他對共產主義的理想、信念、追求，毫無理解，其注意力全在一些雞毛蒜皮的小事，並一再重申自己正是因爲這些小事、細節而厭惡共產黨人。同樣陳也是以儒家自居的，這再一次使我們意識到將個人作爲「道德主體」的儒家精神和專重個人實際利益、而對其它一切超驗的精神性追求和是非正義毫不關心的所謂「個人主義」結合的危害，在政客身上，在這個特殊的時代，顯示得更其深刻和鮮明。

二、柳雨生：「純文學」的面具

柳雨生是淪陷上海活躍的作家。他的行爲和思想，表面看來很明顯地表現出一大矛盾：那就是，一方面，他是上海「漢奸文人」中的「最爲活躍」

〔註 13〕周佛海《周佛海日記》，1940 年 3 月 31 日。

〔註 14〕同上，1941 年 1 月 25 日。

〔註 15〕周佛海《回憶與前瞻》，上海《中華日報》，1939 年 7 月 22 日～24 日。

分子〔註 16〕；另一方面，他又積極地倡行他的「純文學」主張，不論是創辦《風雨談》以「純文學月刊」自詡，還是在具體的作品中，他都標榜一種超乎現實的純粹的「文化」精神。但事實上這二者之間卻有著內在的聯繫。

柳雨生是淪陷上海極爲罕見的在自己的作品裏明確鼓吹中日親善、大東亞共存共榮思想的作家。從他的作品裏我們可以見出，他對於此是有著較爲成熟的思考的。這最集中的是他的散文集《懷鄉記》序言：「我想，做人的道理，最高尚的是應該超乎以德報德的恩仇觀念之外的，一個人是如此，一個民族國家其實也是如此。更進一步追尋吧，我們不但應該以德報德，並且應該用投飼餓虎的偉大精神，去拯救全人類正在掙扎苦痛中的水深火熱的生活，把人類從戰亂中解救出來，把自由和眞理從壓迫中解救出來。」「我忽然想起菊池先生一篇非常有價値的短篇小說《超乎恩仇之外》……其題旨，雖然是講的人與人之間的恩仇關係，可是我覺得國與國之間的關係，不論是理智的看法還是感情的衝動，也未嘗不可以從這小說裏，悟出一番大徹大悟的道理。」他要說的是，今天中國人也應「超乎恩仇之外」，忘卻日本的侵略與殺害，而與敵人握手言和，「以德報怨」。他又明確地爲「大東亞共存榮」提供理論的依據：「東亞地域至廣，百年以來，被侵略被歧視而有待於解放之民族，亦極眾多。在此東亞地域內，必先安定民族，使各民族各國家之庶眾，均能得適宜圓滿之生活，並致力於經濟之提攜，文化之溝通。」並對日人的「友善」頗多誇讚：「日人對於吾國僑胞，未見歧視。」在《飲食之間》裏也不忘誇讚日人戰時生活的簡潔整肅，「假使和上海某一角落的只知道奢靡墮落的『世紀末』生活比較，我們不是要慚愧萬分麼」？對大東亞鼓吹之得力，其論點之乖張惡劣，即使在此期亦確乎少見的。

另一方面，柳雨生又大力倡行所謂「純文學」。他創辦《風雨談》，在第 7 期《編後小記》寫道：「可見純文藝的要求，在目前已不僅是作家編者等單方面的要求，而是廣大而普遍的讀者們的主張了。」9 期的《編後小記》又說：「本刊的理想是一個純文藝的刊物，並非是一個綜合雜誌。」應該說，柳雨生也是在實踐著他的這一主張的，《風雨談》是始終專載文學內容的雜誌之一，同時也很注意盡量多地吸收當時不同類型作家的創作，既有諸如蘇青《結婚十年》、譚惟翰《夜闌人靜》這樣反映時代動蕩、貼近市民生活、字句清新的市民小說連載，也有許地山的《玉官》，有包天笑《民國 42 年兒童日記》

〔註 16〕陳青生《抗戰時期的上海文學》，第 246 頁。

這樣以未來口吻談現實事的科幻小說連載，還有當時極爲罕見的內地作家茅盾的《我的小學時代》連載，而揭載的諸如丁玲、許廣平、冰心、陳衡哲、蘇雪林等女作家的書信在當時就更爲「寶貴」；它很注意發表當時雜誌上少見的新詩、曼妙的散文，路易士、沈啓無、南星等人的名字，就頻見於此刊，帶來一種新鮮的氣息；它還登載了不少文論，如林榕的《現代散文談》系列，應寸照《詩論三題》，曹聚仁《文藝的題材》等等，都較爲深入地接觸到文藝的質地，探討著一些有關於文藝本質方面的東西，表現出與流行一時的通俗性、綜合性雜誌不同的特色。

但是《風雨談》上的「漢奸作品」也很多，例如 8 期楊之華《懷和田》，是懷念與日本書人的合作，9 期丁丁《佳節遇險記》，寫自己作爲敵僞特務在節日遭遇新四軍的經歷，其反共、諂敵之明顯，在此期的漢奸刊物上也是並不多見的。

他於 1944 年以敵僞資金接收「太平書局」，一改其疲軟的面目，在當年即與上海雜誌社，共同成爲淪陷上海出版新人新作最多也是水準較高的出版單位。著名的有秦瘦鷗市民短篇集《二舅》、《予且短篇小說集》和丁諦《人生悲喜劇》，及譚正璧主編的《當代女作家小說選》，散文有蘇青《浣錦集》、紀果庵《兩都集》、文載道《風土小記》和周作人的集子等，還有楊之華的論著《文藝論叢》，路易士的新詩集《出發》，等等。和他的《風雨談》一樣，他的出版標準仍是追求所謂性靈文字、沖淡平和的「純文學」，而在這個時期，說實話，大多數正直的作家多爲衣食住行所困，爲黑暗無天日的現實環境而悲憤，何來沖淡又何來性靈？能夠沖淡性靈得起來的，也只有一批投靠日僞政府、在生活等各個方面稍覺適意的作家。所以太平書局的種種叢書，當然也有部分藝術水準和思想價値都很好的，但更多的則是漢奸文學的活躍分子之作品。

柳雨生自己也創作了大量散文和小說，散見於當時不少雜誌，結集的有散文《懷鄉記》，短篇小說《撻妻記》集。《懷鄉記》裏的散文，除去上文談過的那些明顯讚揚「大東亞戰爭」、「大東亞共榮」，即以《懷鄉記》爲題的三篇作品外，其餘或回憶早年就讀於燕京大學的種種見聞，如《漢園夢》《再遊漢園》；或描繪天南地北的民俗風情如《廣州的吃》《南京的馬》《看相》《木偶戲》等；還有就是一些用散文筆法寫出的話劇評論如《石揮七彩記》《大地天流記》等，它們在當時被稱爲「學者的言志的散文」，並以「詞句沖淡而熱情，文體整齊而不草率」〔註 17〕見長。在小說方面，他也寫作了一些富有情致的作品：《撻妻記》裏的八個短篇大都寫男女婚姻愛情故事，對人生有淡淡的諷刺，但絕非批判，顯得溫馨和優雅；《排雲殿》《鬼吃記》《栗子書》則取材於作者自己的感情經驗，眞實而清淡，尤其在刻畫女性的心理方面，表現出細膩入微、不落痕蹟的深厚功力；發表於《雜誌》上的《碧色之戀》《入懷記》，則表現了人在艱難時事面前，仍保持了一份浪漫的情懷、一種理想的追求，不論是前篇裏那個將文化書籍作爲自己心靈的寄託、不顧「暢銷」與否、仍經營高雅的書要爲讀書界保持元氣的一脈的書店老闆，還是後文裏那個在拮据的生活中仍不忘記一些浪漫，從不多的金錢裏擠出一點購置一柄精緻的扇子的家庭主婦，都寫得非常有情味，讓人能感受到一點清新、一種溫情和希望。然而，這種甜蜜蜜的韻味，放在淪陷這一特殊時期，卻又不能不散發出粉飾太平的氣味，相比之下，反倒是那些毫不「浪漫」大歎苦經、不避困窘的作品，還有幾分直面人生的眞誠。

柳雨生是個相當複雜的現象。這裡我想起王元化所引杜亞泉對「游民文化」的論述：「杜亞泉認爲知識階級缺乏獨立思想，達則與貴族同化，窮則與游民爲伍，因而在文化上也有雙重性。」〔註 18〕柳雨生的「純文學」可以說就是這種「與貴族同化」的產物：他強調的「純文學」，跟我們平常所說的有點不同，它更是一種怡情悅性的閒適文學、貴族文學，他想像的是「譬如風雨之夕，好友三五，大家在一塊兒，共話桑麻，究竟還可以算得是一件有意義又趣味的事……我們願意多見瀟灑輕鬆的文字，少看沉重大文」，他喜愛的作品是，「在典麗之中見眞實，於平淡之懷寄熱情」〔註 19〕是很有幾分士大夫氣的。可以說，以政治上的賣身投靠，換取貴族身份，來從事類似於玩物的「純文學」，即使也能推出幾部好的作品，卻難掩其整體上的精神疲軟、骨骼羸弱。這也正是知識階級由於長期缺乏獨立地位和思想的扭曲表現，由此亦可見出知識分子追求高蹈貴族化，輕視民間市場傳統，失去發言的地方，恐怕正是導向它對政府諂媚邀寵的根源所在。這二者互爲因果，結果是「純文學」「欲潔何曾潔」，反成爲掩飾自我屈辱的處境和爲政權張本的最漂亮的言論。

〔註 17〕譚正璧《柳雨生論》，《風雨談》第 14 期。
〔註 18〕王元化《九十年代反思錄》，第 54 頁。
〔註 19〕柳雨生《創刊之辭》，載 1943 年 4 月《風雨談》第 1 期。

三、文載道、周黎庵：「自由」的誤區

孤島上海著名的「魯迅風」雜文家文載道、周黎庵在淪陷後很快表現出與僞政府的積極合作，並成爲「大東亞文學」的積極參與者，是一個值得注意的現象。

孤島上海出現了雜文興盛的景象，對這批作家一般稱之爲「魯迅風」作家。顧名思義，「魯迅風」意即「魯迅雜文風格」，指這批作家自覺不自覺地接受魯迅雜文的影響，並或多或少地採用了與魯迅相類似的一些筆法，積極宣傳抗戰愛國，嚴厲譴責漢奸行徑，發揮其參與社會現實鬥爭、表達政治見解、抨擊世陋時弊的「匕首與投槍」的特點作用。文載道和周黎庵就是其中主要的兩位作家。

文載道和周黎庵都喜讀史籍古書，其雜文在取材上的一個共同特點是除了一些富有戰鬥精神的現實題材的作品外，還多取材前人、舊事、古書；在孤島時期，他們談論前代人事還與現實有關聯，而到了淪陷時期，則基本上消失了原有的現實戰鬥精神，成了只講求趣味性、學究氣、就事論事的「清談」之作了。

他們最有意思的是，都從「孤島」時效法魯迅，轉以周作人爲師。文載道這一時期寫作仍然很多，發表了大量讀書尤其是讀古書的隨感雜記，以及部分憶舊之作，結爲《文抄》和《風土小記》兩個散文集。他此時一改「孤島」時期效法魯迅慷慨、潑辣、介入現實，轉而效法周作人。在不少文章裏，他都寫到自己對周的文藝觀點及作品的推崇：「幾年來愛讀藥堂先生文，幾已成爲一種嗜好」，他贊同周「文學無用」的觀點，認爲周「將文藝看得如此平凡，卻又如此明澈，此在『以文藝爲手段去達別的目的』的人，當然不能同意，但在對文藝別無過大的野心的人，實在覺得貼切而中綮」〔註20〕，在《讀〈藥味集〉》裏亦對周的思想文筆作詳細的闡發，尤其讚賞他「『太陽底下無新事物』」的「明智」的歷史觀、人生觀〔註21〕；寫作上他自覺向周作人靠攏：他的《夜讀》被編者稱爲「格調逼近知堂，於今小品文作家中文字勝者，文先生當可首屈一指，」〔註22〕。這時候，他的文章越寫越長、越寫越「散」，散漫到了完全沒有確定主題的地步，同時他更大量地閱讀古書，寫了許多讀

〔註20〕文載道《讀藥堂雜文》，《古今》第50期。
〔註21〕文載道《讀藥味集》，《雜誌》第11卷第3期。
〔註22〕周黎庵《編輯後記》，《古今》第18期。

書隨感及筆記，也開始「抄書」，得了「文鈔公」的時評。他將自己的文集名爲《文抄》，周爲其作序，稱其爲「憂患時的閒適」，認爲它也「是憂患時文學的一式樣」〔註23〕。《古今》停刊後，他又主編《文史》月刊，主要是介紹文史知識，登載一些雜記、文史隨感、日記等短小文章。閱讀文載道此時的文章，不再有師承魯迅時抨擊時弊、慷慨激昂的格調，而多爲讀舊書之所得，例如《讀浮生六記》〔註24〕，他從版本說到作者經歷、作品特色，被重視和冷落的原因，又寫到人物「芸」，再談佚稿的眞贋問題了，總的來說是沒有主題、漫無邊際，在精神上是恍惚的、猶疑的、沒有確定的意識中心的，連作者自己都承認是「自己的頭腦跑別人的馬」〔註25〕。相比較而言，《風土小記》裏的文章，敘事狀物較爲生動，也更多作者自己的感情流露，文筆顯得清秀，其中也能見出周作人家鄉什物小品文的影響。

上海淪陷後，周黎庵接受邀請，協助朱樸創辦並主編日僞主要刊物《古今》，他主編的《古今》對在北平淪陷區任日僞要職的周作人極爲推崇，使周成爲《古今》作家群的楷模和精神支柱，這表現在，首先，《古今》有大量周作人的作品，57 期上就有 16 篇。周的文章在上海其他刊物上並不多，獨多見於《古今》，表現出周與古今作者群聲氣相投的共同的心態：例如，《〈藥味集〉序》裏，周作人自稱：「疾虛妄的對面是愛眞實，鄙人竊願致力於此，凡有所記述，必須爲自己所深知確信者，才敢著筆，此立言誠慎的態度，自信亦爲儒家所必有者也。我很怕說話有點近於誇大，便不足取。」而紀果庵則稱：「我幾年以來，因爲感傷人事，漸知注意歷史，覺得一切學問，皆是虛空，只有歷史可以告訴人一點信而有證的事蹟。」〔註26〕周黎庵以主編身份對周作人給予高度重視和評價：第 5 期以相當篇幅刊發「周作人先生南遊圖輯」；48 期《編輯後記》稱：「知堂先生，自五四迄今日，始終領袖文壇，其思想與文字必爲後世治文學史者最重要之課題。」而周亦將古今引爲知己：《古今》停刊，周即寫信給社長朱樸稱「他亦不想再寫文章了」，被朱樸感慨爲「如此志同道合，眞正稱得上是古今的生死知己」〔註27〕。除此之外，《古今》刊發的有關周作人的文章也不少：如南冠《關於李卓吾——兼論知堂》，

〔註23〕周作人《文抄序》，發表於《古今》。
〔註24〕文載道《讀浮生六記》，《古今》第 36 期。
〔註25〕文載道「文抄跋」，《關於〈文抄〉及〈風土小記〉》，《古今》第 48 期。
〔註26〕紀果庵《古今與我》，《古今》第 19 期。
〔註27〕朱樸《小休辭》，《古今》第 57 期。

紀果庵《知堂先生南來印象追記》，南冠《讀〈藥堂語錄〉》，亢德《知堂與鼎堂》，《知堂老人南遊紀事詩》，等等，可以說，他們是把周引爲了知己和領路人，從周身上他們獲得一些對自己的心態及所作爲感到心安理得的東西，那就是「過去曾如此，現在如此，將來也是如此」的歷史觀，和在現實前自認無力而又清高孤僻、埋首古書之中的書生心態，這種落魄、陰沉的氣息，籠罩在《古今》上，也反映出周黎庵的志趣。

耐人尋味的是一兩年前的「魯迅風」雜文健將，忽然變成了埋頭歷史、并與僞政權積極合作的周作人的弟子。從一種堅強的現實戰鬥精神到「百無一用是書生」和「文學無用」的虛無思想的轉變，《古今》一再申明自己對於國家民族的「無用」，文學無用、文人無用是他們此時最有代表性的思想。如果說「魯迅風」發揮的是魯迅雜文「匕首與投槍」的介入現實、干預現實的「作用」，那麼，周作人式的文學「無用」、適足排愁遣興而已的觀點，則正爲周黎庵文載道等捲入漢奸文學運動提供了心理依據：就像周氏在《文抄序》中所說：「文學反正就是這點力量，……要想積極的成就事功，還需去別尋政治的路。……這和痛哭流涕的表現不同，至其心情原無二致，此固一樣的不足以救國，若云誤國，則恐亦未必遽至於此耳。」有了這樣的認識，他們就有了理由安然沉醉於古書舊聞的追憶，在現實的獰惡面前閉上眼睛，希圖以此獲得內心的安寧與「自由」。

文載道和周黎庵無疑代表了知識分子的一種類型，他們對「自由」的追求也顯然落入一個悖論之中：這個「自由」是因爲背後政府的大力支持，強大的政治後臺使他們對於文化市場、對於讀者的態度是頗爲「超然」的：周黎庵曾不無自得地說：「金雄白先生有一次對我說，上海的雜誌有三個型，一是古今型，二是雜誌型，三是萬象型。……古今在三類雜誌中最爲簡便而單純，不必如前兩種的花力氣。編旁的雜誌總得尊重讀者，所謂讀者本位的雜誌，後面總附設『讀者園地』『讀者信箱』『讀者通訊』之類以引起讀者的興趣，……古今不來這一套，對於讀者是熟視無睹的，也可以說古今並不想招徠讀者，你喜歡看你就買，因此編輯上便利不少，連自吹自擂式的一篇編輯後記有時也可以省卻了。」「古今是孤芳自賞的，是山林隱逸的，每期卻至少也有上萬的讀者。」但是古今的熱銷卻是有政治背景的，別的不說，就文章而言，其雲集的政治身份「顯赫」的作家群顯然增添了它的分量。連周黎庵自己也承認：「造成古今地位的文章，第一位作者不用說是周佛海了，凡有他文字的一期，我們總特地多印一些，但還是一銷而空。」〔註 28〕有了這樣結實的「靠山」和「後臺」，他們當然不必像一般商業性雜誌那樣煞費苦心地關注讀者之所想、注重讀者之所好，對自己的編輯、寫作做出調整與適應，而只需坐在書齋、閉上眼睛就可以「暢所欲言」了，但是這是「自由」嗎？

自由無疑是一個籠罩著神聖光環的名字，但是正如盧梭所言：「人生而自由，但無往不在枷鎖之中」，薩特也認爲沒有「抽象的、現成的自由」，「它無非是人們持續不斷的藉以自我掙脫、自我解放的運動」〔註 29〕。文學固然要求一種超驗的品格，但是這種品格的獲得不是靠練氣功般地憑「意念」、「想像」就能獲得的，而是必須首先意識到自己的「不自由」，這幾乎是宿命的不自由成了作家精神力量的試金石：對於自由，周作人認爲它是「超脫」的「心靈的自由」，是一樁純粹屬於個人的事件，通過對現實處境的淡漠和超脫就可以獲得的；而魯迅認爲自由是個人必須去面對他的處境——自由的首要條件是個人深刻地意識到自己是活在他的肉體、他的環境和他的時代的「不自由」的存在。惟其如此，自由才成爲一項需要不斷去爭取、去清洗的工作，而且這種爭取和清洗的努力將永遠隨時代環境的不同而變化，也許這是一項不可能最後完成的工作，但爲自由而戰，爲這項永遠不可能得到完全勝利的事業而戰，這是人的宿命也是使命，魯迅的偉大就在於他在意識到自由的悲劇性質之後還能堅持爲自由而戰。而像文載道、周黎庵等人，我覺得他們眞正的問題在於，他們在前期作爲慷慨激昂的「魯迅風」雜文代表時，並沒有理解魯迅的現實介入本身正是個人自由的表現形式，而不過是一種在群體支持中顯示出來的誇張熱情和病態自信；這種熱情和自信在脫離這一支持後就煙消雲散了——他們在現實中投靠僞政府、在精神上轉奉周作人爲師，悖離文化市場、淡漠讀者、無視現實，選擇了以迴避現實來獲得個人的自由，其實恰恰是在逃避自由，表現出隨波逐流的軟弱和卑怯。這再一次使我們意識到文化市場對知識分子找到自己發言的地方、獲得獨立地位的重要。

〔註 28〕周黎庵《古今兩年》，載 1944 年 3 月《古今》第 43 期。

〔註 29〕薩特《什麼是文學》，《薩特文學論文集》，安徽文藝出版社，1998 年，第 117 頁。

結　語

本文以淪陷時期的上海文學爲主要研究對象。上海淪陷始於 1941 年 12 月 8 日，日軍佔領租界；結束於「二戰」以法西斯德意日失敗告終的 1945 年 8 月，歷時 3 年零 9 個月。這個時期，在日僞的法西斯統治下，大批新文學作家紛紛流亡，或閉門隱居，上海文壇步入「五四」以來的一個低潮期。但也正在這一時期，絕大部分作家通過淡化意識形態、親近民間文化市場，而在日僞嚴密的言論監控下，開闢了一個世俗的言說空間，從而曲折地堅持了五四以來的「人的文學」的傳統，出現了現代文學史上將文學的商業化傳統與個人化傳統結合得最好的一種文學樣態。

淪陷上海文學和主流新文學最大的不同體現在原有文學格局的極大改變，並相應帶來表現內容和風格的迥異：淪陷固然極大地改變了上海的文學面貌，這個改變卻不是空穴來風，而是文學格局的重心互移和轉換，在特殊的社會政治背景下，原來處於「隱性」地位的文學要素——大眾、市場、世俗日常生活、個人情趣思想……——浮出水面，而原來處於顯性地位的新文學主流——抗日、救亡、革命、意識形態——只能以隱蔽的方式存在。簡言之，即原有的「邊緣」成爲「中心」，原有的「中心」則成爲「邊緣」。因此，貌似割裂的淪陷區文學和整個新文學傳統還是有頗多暗通款曲之處，而且在這種破碎的表象中使現代文學的傳統性、多樣性得到了凸現。

具體說來就是，新文學步入低潮，舊派作家以其對市場的佔有迅速重獲自信；一貫善於將新文學精神和文化市場相結合的海派文學，此時出現俗化、後轉的傾向，將抽象的「人的文學」具體落實到一個生活在現實環境中的、有血有肉的、脆弱而暫時的個體人，關注個人現實生存和實際利益的「新市民文學」浮出水面，一時風靡，成爲此期文學的重中之重。予且、蘇青等從肯定個體欲望，丁諦、譚正璧等從探索新的環境下的個人道義，譚惟翰、東吳系等強調個人情感以及張愛玲那深刻而執著的生命意識……作家們從這幾個層面，滿足了讀者不同層次的需求，並以對舊小說不同程度的吸收，另立一新舊雜糅的敘事筆調。應該說，對個人的現實生存和凡俗化要求賦予價值和尊嚴，確立其倫理的合法性，並從常識和市民倫理的角度，對「人」的問題進行種種探索並獲得發展，是新市民文學最大的貢獻。同時新文學作家也出現對於文化市場靠攏和適應的傾向，並以其啓蒙的、審美的意識，對市場進行滲透，而潛移默化地改變其面貌。

「市場」固然提供了文學在特殊條件下堅持新文學立場並取得新的發展的載體，表現出社會的偉大活力。但是文學是一種美的活動，僅僅有市場提供載體和空間是不夠的，它還需要一種獨立品格和自由精神、一種永不停息的探索衝動來從整體上保持其活力與生機，但在淪陷上海，雖然也有部分作家做出努力，在文學出現復甦的 1944 年，幾份同人雜誌的出現便是一個標誌，但在商業化和凡俗化制約下這一點是較爲缺乏的，這也限制了淪陷上海文學取得更大的成就，這一點在代表了商品－市場傳統下文學的最高成就的張愛玲身上可以更清楚地看出來。

我之所以對這樣一段歷史感興趣，一則因爲它是現代文學研究的一個薄弱環節，誠如一直呼籲加強淪陷區文學的錢理群所說：要「找回失落的文學世界」〔註1〕，對這一時期的文學作一認真細緻的梳理，使我們發現一些被忽略、被遺忘但是很有價值的歷史軌蹟，從而豐富和拓展我們的「現代文學」，具有不容忽視的意義；還有一個在論文中未曾明言的就是，它提供了市場制約下文學的得與失、功與過的某種樣本，這和今天的文學格局其實是有幾分類似的，這篇論文還不能說明一個合適的文學格局應該怎樣，但是淪陷上海文學以其活生生的歷史標本至少說明了：一、市場的巨大活力及其創造力，二、僅有市場仍然是不夠的，市場更大的意義在於抵制主流意識形態的滲透，爲個人保留一個自由言說的空間。但這個言說的品質卻需要新的品質的加入，這一點也是作家們和研究者們所應警惕和加以深入思考的。

〔註 1〕錢理群《找回失落的文學世界》，載《南方文壇》1999 年第 5 期。

後　記

時光荏苒，這個博士論文的寫作，竟是十多年前的事了。那年我考入復旦，很快就面臨開題。我想，既然來到上海，既然喜愛張愛玲，那麼我就把這個話題擴展延伸，來看看張愛玲寫作的時代，是怎麼樣一個境況；也熟悉和瞭解我生活其中的這個城市的一段歷史。確定選題之後，便是浩如煙海的民國報刊作品的閱覽過程，那些幾被遺忘在文學史以外的文字和故事，那些名字，活動，大小事，竟蘊含著如許生動的眞實感和生命的實存感，令我看到即便家國淪陷，個人的生命、五四以來的現代精神仍在衣食住行、愛恨情仇中延續著，玩味著，認認眞眞地「活著」，這一種發現，實在讓我拍案驚奇。應該說，這一切令我著迷了，不能自己。讀完了復旦文科圖書館的資料，我又天天到上海圖書館，在那高大明亮而人蹟稀少的「解放前期刊閱覽室」，翻閱這些發黃薄脆的紙頁，觸到的卻是活色生香的滾燙生活。我記得閱覽室外有一棵繁茂的芭蕉和一棵臘梅，眼睛累了，我就看著它們被粉牆格外凸顯的美麗身姿，也做一些關於民國時代的旖旎而悠遠的夢。

我越來越迷戀「淪陷」一詞，也許因爲我總是固執地認爲，人到這個世界上來，便是淪陷本身。而這個帶著家國之痛的、具體的「淪陷」，不過是更集中而深刻地揭示出了生命的眞實狀態，更肆無忌憚，因爲已經到底，反而具有了足夠的文學性。

事實上，這也導致我在最後論文寫作的階段，進入了一個奇妙的狀態：白天寫作論文，夜晚則開始編織一些個人的故事，我在長期的閱讀裏的確學到了那種「小」的敘事，時代、社會、國家……其實都無關宏旨，他（她）在自己有限的時空裏沉浮體驗，文學，有必要記錄的正是這樣的悲歡。然而，這時空又無可避免地和一個時代、和一種「大限將至」的生命之思聯繫在一起，如果足夠眞誠敞開，描寫個人的文學其實從來都不曾缺乏「大」關懷。

現在卻又有另一個極端，即一種矯揉造作的「上海」腔調和孤芳自賞的「民國」範，令人如鯁在喉。如果眞正願意親近那個令上海人自豪至今的黃金時代，就應該發現，彼時上海的魅力恰恰來自她的海納百川的包容和眞誠張揚的生命活力，不是擯派頭，不是擺腔調，不是我的祖宗比你闊多了，是謀生的努力與艱辛，墮落與昇華，是開創局面的腳踏實地，八面玲瓏，面對強權榮華的大氣滂沱，雲淡風輕……海派的活力與精華不應被封存爲任人打扮塗抹的歷史，他還活著，實實在在走在當下的路上。

我也還記得，對於前途和事業均毫無把握的心理一直困擾著那三年的學習，這個大城對人構成的壓力也令我常常自我懷疑和迷茫。也正因此，他人的幫助與肯定便顯得格外重要：現在我仍要感謝我的導師吳立昌，一方面是嚴厲的督促，一方面是細緻的幫助和極大的寬容，伴隨了三年學業的全過程；也要感謝指導教師許道明、郜元寶教授，感謝社科院的陳青生、華東師大的吳炫教授；時任《現代文學研究叢刊》編委的錢理群、《書屋》的胡長明先生編發了部分章節……可惜，許先生已經在2005年因腦癌去世，導師也罹患癌症，所幸病情相當穩定，其餘人等，亦各自經歷了十多年的滄桑巨變。但在記憶中仍然年輕，健康，暖意盈懷。

答辯的時候，復旦大學吳中傑教授便肯定地說論文已經很成熟，可以出版。不過，由於自己疏懶，這個話題在國內學界也確實較爲冷僻，一直沒有得到合適的出版機會。這次幸得北京師範大學李怡教授支持，將論文放入這套民國文集，似乎也有一種前緣注定之感。李老師是我本科的老師，那時我就得到了他熱情洋溢的肯定和期許，也使我在文學之路上，始終不敢懈怠。雖然成績依然渺小，但內心卻因不曾放棄而得淨化。